決任何問題，

已經是朝著自由與
行動邁出一步了。

當文學作為探索的工具與失誤的載體時，
要能成為解放者。

激情是完全享受生命、
活在當下，
一種即時的享樂。

寫作則不是，
它是一種活動

感受是書寫的必要條件，
也是建構真實的必要條件。

透過書寫探索那些無法用其他方式，

例如語言、旅行、表演，發現的事物。

甚至是反思都沒法做到的。

要去探索一個在下筆前不存在的東西。

# 如刀的書寫

安妮・艾諾

由 費德里克─伊夫・吉奈 提問

L'écriture comme un couteau

Annie Ernaux

Entretien avec Frédéric-Yves Jeannet

目次

01．啟程 001
02．對我來說，書寫有兩種形式 006
03．我曾經認為小說就是文學 011
04．我覺得書寫如刀 017
05．融入他者的慾望 025
06．施工現場 030
07．危險的東西 035
08．探尋新的形式 039
09．禮物的移轉 045
10．叛逃 048
11．被支配的世界與文化 061
12．知識與對世界的理解 064
13．我有個女人的故事 082
14．雙重褻瀆 091
15．書寫生命，墨染人生 095
16．為了拯救而寫 104
17．貼近事物 108
18．我看到的不是字詞，而是事物本身 114
19．渴望與必須 117
20．獨立自主的有機體 123
21．存在的方式 127
22．後記 139

對蹠點，相對的兩極，總會互相吸引。我們在世間或生命中尋找生存的意義時，比起相似點，更容易看見與自身的不同；即使是相似之人，也傾向挖掘相異之處，因為我們不願只在別人身上看到自己的影子，也不願只靠著認同而生活、而工作。與其自力更生、艱苦奮鬥，或是站在懸崖邊掙扎、隨時準備投降，透過觀察他人對問題的探尋，我們更能了解這個共同世界。閱讀的意義就在於此，它為我們提供養分，為我們省去痛苦而繁瑣的書寫過程，給予我們繼續前進的力量。當我們試圖深入探究與整個人的存在皆有關的事物時，的確會正面迎對最可怕的險境，也會甘願犯險，堅持檢視過去的一切，以便揭開或試著照亮整個局面，蒙田（Montaigne）、夏多布里昂（Chateaubriand）、盧梭（Rousseau）和雷希斯（Leiris）皆是如此。

儘管和我一樣，試圖從自己的過去裡挖掘真相，安妮．艾諾的書寫風格與形式卻和我長篇大論、錯綜複雜的文本大相徑庭，她堅定走險的意志、絕不欺瞞的書寫、刀刀見骨的文字，以及把生存必經的痛苦、愉悅和它的複雜公諸於世的做法都是我二十年來敬佩她的原因。我欽佩她總是能從必然複雜且滿溢的感受、思緒與情感中提煉出精華，寫出極簡的文字，看似清楚易懂，但寫作過程的艱辛和解讀的困難卻並未因此而被抹滅，反而在整個敘事中隱約顯現。我欣賞她不用隱喻、不多矯飾，如琢磨過的燧石般正中要害，剝皮見骨；而這種風格近年來又愈發強烈，她冒著更大的風險，如昆蟲學家般要求精確的描述，並往界限探索，把能說的與不說的都推到極致。

她對整個存在、身體與靈魂的探索讓某些人感到尷尬與不解，進而搖著身為閱讀和解讀專家的旗幟拒絕並抵毀她的書寫。這些反應無疑涉及比文學分析更隱晦的動機——政治、厭女或捍衛傳統道德。在我看來，這些反應未必是件壞事，各方面的表現似乎都跨越了原本介於任何「已知已見」和其他未知、未開發的領域之間，不可逾越、密實或鞏固的界線，彷彿踏進對香港而言直到不久前還是另一個世界的「北國」：中國。因此，我想試著讓安妮．艾諾談談她成為作家的深層動機與情況。我和她一樣，早就對狗吠聲無動於衷，像個從不改變航向的水手，絕不委曲求全：我知道無論別人怎麼說，我都要像哈特拉斯船長①一樣，毫不遲疑地朝著北極直線前行。我認為，唯有不斷挑戰舒適區，才能避免複製舊有的思維，擺脫他人灌輸我們、教育我們的東西，實現原本不被看好的理念，開闢出一條道路。這條道路要通往何方？會有撥雲見日的一天嗎？真相自在人心①。

訪談一向被視為「次要」的文類，對我來說卻是揭示文本內部隱含意義最合適的方法，或許能透過外部的刺激，開啟幾扇新的門窗。最好的情況下，這種文類甚至可以引領我們探訪文本從未踏足的幽徑，這也是安妮・艾諾願意帶著嚴謹與贊同的態度欣然參與我這個已進行多時的計畫的原因。這一系列的對話實際上應該看作單一訪談，安妮・艾諾前後一年的回應串成了一個完整的問答。我們完全憑藉遠距通訊，在我和她這兩極與兩塊大陸之間，以電子郵件的節奏進行。

費德里克－伊夫・吉奈　二〇〇二年六月二十八日

① 譯註：引自法國作家儒勒・凡爾納的小說《哈特拉斯船長歷險記》（Les Aventures du capitaine Hatteras, 1866）。

過去六年來，我和寓居美國的費德里克─伊夫・吉奈（Frédéric-Yves Jeannet）以穩定但不甚密集的頻率保持通信。我在他一九七七年出版的《旋風》（Cyclone）一書中看到一個作家探尋著不斷消逝又現形、始終疼痛著的傷口。他的文字是一首盛大而痛心的交響樂，以相同的主題、場景和情節呈現出壯麗的美感。而後還有《仁慈》（Charité）和比較近期的《自然光》（La Lumière naturelle）都延續了這種獨特且毫不妥協的做法。費德里克─伊夫・吉奈去年回法國時，提議以我的書寫和我的作品為主題進行訪談，透過用電子郵件通信的方式。這個計畫很有彈性，不限時亦不強求某個特定目標。不受約束、議題開放，加上完全以文字進行，這種種因素都讓我躍躍欲試。更重要的是，我明白將寫作視為生活的費德里克─伊夫・吉奈將會是一個傾身致力的探尋者。在我看來，即便我倆之間存在著差異，也將成為一種契機與保證。觀點上的出入和空間上的距離給予我自由表述的可能，同時也讓我感受到闡明自己理念的重要性。

整整約莫一年的時間內，斷斷續續，費德里克─伊夫・吉奈寄來他的問題與想法。我很少會立即回覆。在問題的陳述和我們寫下的文字間有一個令人焦慮的空間，甚至是威脅感。一般接受口頭的訪談時，即使對談的速度再慢，我們仍會儘量忽略這個斷層，多少都能以最自在、最快速的方式回應，那是習慣使然。但在這種情況下，我可以慢慢適應這個空間，把我書寫——或試圖書寫——時的所思、所尋、所感自一片空白中挖掘出來，畢竟這些東西在我不寫東西時根本就不存在。待我認為自己大致掌握了確切的概念後，我便直接鍵入電腦，不再另外記下，也盡量不去修正。這是我給自己定下的遊戲規則。

計畫進行的過程中，我只專注於懇切和精確兩個要點，而前者又比後者困難得多。要檢視自己三十年前起頭的寫作實踐並不是件容易的事，特別是要避免限縮到單一準則或少數幾個原則內，更別說公開寫書時會遭遇的那些無可避免的矛盾，以及揭示大多時候潛藏於意識之中的細節了。書裡的語句與措辭皆是興之所至，連我自己也說不出個所以然，更遑論傳授他人。然而，我想，道出文本的目標和書寫的理由應是可行的。即使這兩者皆來自於個人的想像也無妨，無損它們對書寫形式，甚至書寫本身的影響。我只期許自己能夠清楚地表達這個佔據了我大半生命的活動，以及我個人在此時此刻相信——但任何人都可以修正——的真相。

我帶著好奇、愉悅，有時也不甚篤定的心情，順著費德里克－伊夫・吉奈以決心與細心開啟的道路前行。我是否像訪談之始期望的那樣，去了他方？不，唯有毫無防備地進入屬於生命與世界的現實（也許還得帶著愛），汲取文字成書的行動，才能擁有這種力量。我在這裡寫的是關於書寫這件事，與世界無關。講述書寫的經驗在某種程度上很不真實，畢竟那是無法言傳的事。不過也許能靠著其他方式意會。就像以下這個難以磨滅的回憶又一次浮現心頭：

那是戰爭剛結束不久後，在里波恩（Lillebonne）②發生的事。我當時大約四歲半。我和父母去看表演，那是我的劇場初體驗。場地是露天的，也許是位於美軍營區內。演員把一個巨大的箱子搬到舞台上。接著把一個女人封死在裡面。而後，幾個男人輪流用長劍似的東西刺穿箱子。沒完沒了。對一個孩子來說，那是沒有盡頭的恐懼。女人最後從箱子裡出來了，安然無恙。

安妮・艾諾　二〇〇二年七月八日

②譯註：地名的音譯沿用臺灣已出版的那幾本繁體中文譯文。

# 如刀的書寫

# 啟程

吉奈：我想先探究您書寫的模式和情況，以及促成您完成作品的動機與基礎。

艾諾：在我開始談論我寫的書、我的書寫，以及我和書寫的關係前，我想先指出這項嘗試的限制與風險，但我還是會盡量把真實的情況精確地呈現出來。請注意，我不使用「作品」一詞。對我來說，這個詞不存在於我的想法和書寫中，是給別人用的，「作家」一詞也一樣。這種詞像是在哀悼，總之就是出現在文學教科書裡的詞彙，只用於完成式。這一類的詞缺乏討論空間。我偏好「書寫」、「寫東西」或「撰書」這樣的說法，感覺比較像是進行中的活動。

這些風險和限制大致跟所有自序的困境相似。企圖釐清我書寫時隱晦且不成形的概念，等於是要我放棄那些當下掠過我思緒、掩蓋我思考與慾望，進而左右文本的一切因素，也忽視生活與當下活動對它的影響。我的記憶在回顧過往的書寫時，即便是近期才寫下的東西，都比回憶生活中任何一個其他時刻更不可靠。也許我終會被這件事的嚴肅與沉重壓垮——這是二十世紀以來的新現象，過去人們並不會這樣公開說明自己的工作。（哦不，我忘了十九世紀的福婁拜〔Flaubert〕，這個萬惡之源！）也許我不過是想記下一個小女孩在階梯上、在咖啡館與雜貨店之間的廚房裡翻閱《時尚迴聲》（L'Écho de la mode③）或給想像出來的朋友寫信，並說道：就是從這裡開始的。這麼一想，我似乎已給自己創造了神話，一個註定要以筆為箸的神話……

我可以理解您對訪談內容抱持保留的態度，這種形式的文本焦點確實與文學書寫不同；然而，在我看來，這個文類雖新穎，卻也並非從未出現過，例如歌德（Goethe）的談話錄或凡爾納（Jules Verne）的訪談，或許不僅可以作為回溯作者書寫軌跡的資料，也能和日記或書信往來一樣，在「文學」的書寫之外，另闢一條平行的探索之路。這條路確實有風險，然而這種對話問答的形式可以呈現出作品中沒說的，或以另一種方式述說。您若同意，我會試著逐步引導您探索他方（ailleurs）。

如我先前所言，談論我的書寫和書籍時，我擔憂的是說出來的都是在事後合理化過的東西，都是行踏後才成形的道路。不過如果我們的對談，如您所言可以帶領我探索他方，那有何不可，我願意同行。

¶

首探「他方」，就從字面意義開始。經常聽到您在各地旅行，可是您卻從未在書中詳細描述。除了簡單交代旅行資訊和背景外，書中幾乎沒有其他痕跡。

③ 譯註：十九世紀創刊的女性雜誌，原名為《時尚小迴聲》（Le Petit Écho de la mode），於一九五〇年代改名。

旅行對您的書寫有什麼特殊意義嗎？您認為自己只是埋首書桌、伏案擊鍵的作家嗎？

十五年來，因為書籍出版的關係，我多次造訪歐洲、亞洲、中東、北美等地，也因此圓了我的兒時夢想，離開這裡，看看世界。除了露德（Lourdes）的朝聖之旅外④，我直到十九歲前都沒有走出諾曼地，二十一歲才造訪巴黎。然而，身在國外旅館房間裡的我經常會突然一驚，不知為何身在此處，也沒有愉悅的心情。就像個臨時演員走進一部電影。日本的、韓國的、埃及的……旅行期間，我並沒有特別強烈的感受。這種旅行，可以說是出差，都是有人安排好的，路線也都規劃妥當了，我並沒有真正融入當地的生活。可我小時候夢想的是冒險之旅。這種型態的旅途上沒有冒險。再者，我需要反覆體驗一件事，才能真正說自己經歷過。例如威尼斯，我去了十多次，也為它寫了一頁又一頁的記錄——我的私密日記。我總是把自己的感受和所見所聞記在私密日記裡。但絕不在旅行期間寫書。既無暇顧及，也無能為力。這些與學生、作家或記者的座談活動讓我有正當的理由旅行，卻也讓我活在表面，和真正的自己分離。這種感覺並不難受，反而構成了就辭源來說最美好的假期，一段空白的時間⑤。但我無法在這樣的空白中待太久，不能超過一星期。特別是正在寫某個東西時。這種時候戶外是我的囚房，真正的自由在我拘禁自己的書房之內。唯有在內，我才能真正感受到自己的存在。並不是因為我是個作家，我從沒想過自己是個作家。我只是個寫東西的人，覺得不得不寫。如此看來，並沒有特別強調的必要。

④ 譯註：Lourdes 是天主教的朝聖地，這段文字的原文沒有說是朝聖，但安妮・艾諾曾在著作《羞恥》（La Honte）一書中提及此事。

⑤ 譯註：假期的法文 vacance 來自拉丁語動詞 vacare，意指空閒、無事可做。

## 對我來說，書寫有兩種形式

我們要繼續探討幾個與書寫相關的邊緣活動。不過在這之前，我們還是先快速瀏覽一下已經完成的作品。為了便於觀察迄今為止的發展，您是否同意把它們分為三個特色鮮明的「區間」，包括小說（roman）（大部分帶有自傳性質）、「自傳體敘事」（récit autobiographiques）（這裡使用引號表示這種說法僅能大致指出這一類別的特徵）和至今出版了四冊的日記（journal）？您認為這三者的關係是一個過渡到一個、相互交替或是同步進行？

說到我的文本，我覺得自己經常在挖掘同一個洞。然而，我還是得承認自己有不同的書寫形式。首先是虛構小說（fiction），畢竟我最早三本書出版時就是掛著「小說」（roman）的標籤。包括《空衣櫥》（Les armoires vides）、《他們所說的或虛無》（Ce qu’ilsdisentourien）和《冰凍的女人》（La femme gelée）。

接著是另一種文體，以《位置》（La place）一書作為分界，可以視為「自傳體敘事」（récit autobiographique）之始，因為這一類文本中沒有虛構的成分，除非記憶有誤，否則所有的細節也都是真實的。總之，敘事中的「我」和書籍封面上印的名字指向同一人。也就是說，那些內容都是可以透過警察或傳記來查證的（這兩者所得的結果經常殊途同歸）！我對「自傳體敘事」這個說法並不滿意，它無法充分說明這類文體的內涵。它的確指出了關鍵的概念，也就是和小說完全相對的書寫與閱讀。然而卻沒有辦法說明文本的目標和架構。更甚者，它強調了一個拘限的信息：「作者談的是自己。」比起自傳，《位置》、《一個女人》（Une femme）、《羞恥》（La honte）和《記憶無非徹底看透的一切》（L'événement）的部分內容更像是「自我的社會學式傳記」（auto-socio-biographiques⑥）。而《簡

⑥ 譯註：這個文類是艾諾自創的，目前在法國似乎尚未成為一個專有名詞，台灣的譯文由朱嘉漢提出，稱為「自我的社會學式傳記」或「自我虛構」，中國則以「無人稱虛構」、「無人稱自傳」稱之。

單的激情》（Passion simple⑦）和《嫉妒所未知的空白》（L'occupation）則剖析了非我（impersonnel）的個人激情。一般而言，這個第二時期的文本通常是「探索」，較少說到「我」或「追憶」，而是陷入更廣泛的真實、文化、狀態、痛苦……。和我最初的那些小說比起來，我感受到更巨大，想當然耳也更令人惶恐的自由。在我拒絕虛構之時，另一條地平線在我眼前展開，所有形式的各種可能也一字排開。

論及書寫實踐時，我傾向把日記區隔開來。首先，因為這是我最早的書寫形式，沒有特別的文學意圖，純粹視為一個知心朋友和生活支柱。我在十六歲時開始寫私密日記，那是個悲傷的夜晚，當時的我並沒有特別想過要以文字創作為生。我記得一開始很想「寫好」，但隨興而發的心情很快就取代了這種自我要求：我不再塗改，也不再追求形式和正當性。總而言之，就是為自己而寫，為了自由抒情，根本沒有想過把這些日記本給任何人看。這種隨興的態度、對文采的滿不在乎和對外人眼光的屏蔽（我的日記總是藏得很好！）在我開始以出版為目標寫作後仍然沒有改變。我想這種習慣至今依舊，我的意思是，盡量不會「預設」讀者的存在。

我習慣把要出版的書和個人的私密日記區隔開來。前者以一個確切的目標為終點，在書寫的過程中，每件事都是該完成的、該決定的。而後者則是以時間為經緯，以當下的生活為素材，所以對我來說有較多限制，沒有那麼自由，沒有「建構」現實的感覺，僅僅是留下一些存在的痕跡，「擱置」一點什麼，沒有明確目的，沒有截稿日期，純粹是「être-là（放在那裡）」。不過，我還是得把真正的私密日記和規劃過的日記書寫——例如《外部日記》（Journal du dehors）和《外界生活》（La vie extérieure）——作個區別，後者刻意不去檢視內心、不記個人軼事，罕見真正的「我」。這些日記不完整的結構、拼貼的寫法，以及以時間的推進為軸的設定都是經過思考後刻意為之的，大致是為了把日常的、都會的、共同的真實像相片般儲存下來。

總而言之，對我來說，書寫分為兩種形式。一是商議過的文本（包括《外部

⑦ 譯註：這本小說改編成電影後名為《情慾告白》。

日記》和《外界生活》），另一種則是與之平行的個人記事，為時已久，變化較多。（除了私密日記外，我也有一本「寫作日記」，自一九八二年起，裡面記載了我的疑惑和書寫時遇到的難題，筆跡潦草，也有很多的省略和縮寫。）這兩種形式在我心裡是相對的，「公開」與「私人」、文學與生活、完整與片段。主動與被動。阿涅絲・寧（Anais Nin）在她的日記中寫道：「我要享受，不必改變（Je veux jouir et non transformer.）。」我想，私密日記對我來說就是一種享受，而其他文本都是一種加工後的變體。我對變體的需求比享受還多。

# 我曾經認為小說就是文學

您最早的三本書都是以第一人稱書寫的，接下來幾本也是，您覺得為什麼讀者會把書中的敘事者當成或看作小說的女主角？您同意這樣的看法嗎？會不會覺得在掩蓋或隱藏真相？

我當時對那幾本書的定位也是小說啊！毫無懸念！至少最早的那兩本，《空衣櫥》和《他們所說的或虛無》是這樣的。《冰凍的女人》就比較有討論的空間了。無論是從意圖（intention）或結構來看，它連「自傳小說」（autofictions）都談不上。我在一九七二年動手寫《空衣櫥》時，能想像到的「可能的表現方式」（l'espace des possibles）只有小說。對當時的我來說，小說就意謂著文學。我心裡想到的文學形式只有小說，而這也表示要改造現實。這種改造現實的想法，或說「文學創作」，對我來說比用虛構的故事保護自己，或用「全部都是想像出來的」這樣的說法來掩護自己更重要。

《空衣櫥》的架構就是一部小說。故事的敘事者是丹妮絲．勒許（Denise Lesur），一位二十歲的少女，在國際大學城的宿舍裡經歷流產。我也曾想過用「她」來書寫，而不是「我」，甚至交給抽籤決定。最後抽到了「我」，不過我想，無論如何，我最後都會選擇「我」來敘事。因為我在這個虛構的框架中思考了與原生社會階層決裂的往事：一個咖啡雜貨店的女孩讀了私立學校、接受高等教育。墮胎是回望的框架，我也經歷過！我讓自己深潛其中，毫無畏懼，甚至還嘲諷了所謂的文學。因為在醫生把導管放進我的肚子裡，我掙扎著想找到一段「導管改造」的文字時，我在大學裡學到的文學卻什麼忙也沒幫上……然而，由於我更在意小說的意圖，所以才允許自己放下對文學質疑，不只改了幾個名字，更以真實人物為基礎創造了角色，例如名叫莫娜（Monette）的女性友人就是，此外，我也換掉了地點。

書評會以小說的角度閱讀這本書，讀者會認為是自傳，然而對我身邊的人來說顯然不是。首當其衝的是和我同居的母親。她確實做了聰明的決定，卻也是自願屈服在我藉書籍施予她的暴力之下，配合我，假裝這一切都是想像出來的情節——她應該承受了無比的痛苦。有時，我想她應該是這麼想的：「寫作應該就是這麼一回事吧，用小說包裝一件真實的事情。」出於對文學和作家的敬仰，她選擇保持沉默。她曾經支持我寫東西，當時並未想過會是這樣的情況。我寫了一本與她喜歡的主題——愛情（或用她的話稱之為「羅曼史」）——毫不相干，反而貼近現實、我們的生活、她的商店和她的書。

下一本書是《他們所說的或虛無》。這本書若真要我定義，我認為又更「小說」了一點。故事的敘事者是一個名為安（Anne）的十五歲女孩（主角的名字和我如此接近，也許是為了刻意營造成自傳體）。這個故事的虛構性更強烈，從格局上來看，與第一本書「探尋」的東西不同，這本書的內容在於回憶某個夏日發生的事件。於我，它是不折不扣的小說，因為我在書寫時（也就是一九七六年夏季，大旱之際，幾近超現實，萬物都在熱氣的蒸騰中變得灰白）感覺到把故事裡的自己變得不那麼真實了，裡面的女孩是我結合了自己的青少年時期，以及身為老師的我在年輕女孩身上獲取的經驗又（重新）變成的少女。

《冰凍的女人》則又是另一種狀況了，我「後來」認為這個文本是一個過渡，是脫離傳統意義上虛構小說的過程。如同《空衣櫥》是從我的個人經驗裡探索一個真實存在的情況，這裡探索的是女人的角色。不過，這本書的「我」是沒有名字的（讀者可以想像是作者本身），而且是從書寫的當下開始回溯身為女人的往事，並以自傳體的形式書寫。我在這本書出版後的各種活動中發現，沒有人把這本書當作小說來讀，而是視為自傳。對於讀者這樣的理解，無論是從個人或「文學」的角度上來檢視，我都絲毫不覺困擾。一九八一年的那段時間，甚至再往前推幾年，我問了自己很多關於書寫的問題，如今已不再會混淆文學和小說，或文學和改造的真實了。我甚至不再給文學下定義。直至今日我仍無法定義，因為始終沒有正確答案。

從您的第一本書開始，我們就踏入了二十年後才出版的《記憶無非徹底看透的一切》的主題當中。您認為當時的「我」和今日的「我」有什麼根本上的區別嗎？

小說《空衣櫥》和自傳《記憶無非徹底看透的一切》中的「我」有什麼差別……我不是很肯定。我試著從另一個角度來看這個問題：《外部日記》和《外界生活》中很少出現「我」，但兩者中的「真實」和「現實」並沒有少於其他文本：就整體而言，不只有虛構的或自傳性的「我」決定真實與現實的程度，真正的決定性因素是書寫。不少自傳給人掩飾真相的不適感，反倒是小說能做到還原真實。不過紀德（Gide）在日記中也曾寫過一句話，認為小說「也許（比回憶錄）更能記錄真實」⑧。文學的陳腔濫調與先入為主的觀念著實令人感到疲憊，提出這些想法的人一般都自認高人一等，只會以其他領域看來令人貽笑大方的說法強壓。那麼我們又該如何定義真實……我認為，真實就是我們不斷追尋卻一再溜走的那些。

⑧ 譯註：原文應為「回憶錄多是半真半假，即使對真相有所堅持亦如此：實情永遠比說出口的複雜。也許小說甚至更接近真實。」

再更深入談談「我」：首先，「我」是一個「聲音」，「他」和「她」則是創造出的角色。聲音有各種聲調，可以粗爆、嘶吼、諷刺，也可以變得滑稽或煽情（涉及情慾時）等。聲音可以很有存在感、自成一場表演或是隱身於陳述的事情之後，還能自由轉換語氣或維持單調。我在《空衣櫥》和《記憶無非徹底看透的一切》中的聲音的確不同。這種改變是從《位置》這本書開始的。改變的也不只有聲音，還有我書寫時的整個態度。

## 我覺得書寫如刀

從小說中的「我」過渡到另一個「我」，這個過程是自然而然的嗎？您覺得困難嗎？是什麼因素讓您在寫《位置》時，揚棄了讀者更熟悉的「文學」書寫，轉向一種我認為是「冷靜敏銳」（clinique），也有人說是「平白」（blanche）⑨，您自己則說是「平鋪直敘」（plate）的書寫方式？

我覺得《位置》這本書的一切，包括它的形式、聲音和內容都是自痛苦中誕

⑨ 譯註：blanche 這種書寫法的翻譯似乎尚未有定論，下面會提到這是羅蘭巴特提出的寫作概念，他最早是在分析卡謬的《異鄉人》時用到這個詞，在《羅蘭巴特論羅蘭巴特》裡也提到過，麥田出版的翻譯是「空白」，吳錫德教授在國科會的報告中也使用「空白」一字，但也有很多不同的討論，我覺得這種書寫法指的是中性的書寫，也許用「平白」或是「白描」比較合適。

生的。那痛苦始於青少年時期，當時的我刻意拉開和曾經當過勞工、後來經營咖啡雜貨店的父親之間的距離。那無以名狀的痛苦之中混雜了我的罪惡感、我的不解和叛逆（一如小說裡寫的，父親為什麼不看書？他的舉止怎麼那麼「粗俗」？）那是令人羞愧，既不敢坦承，也不知向誰說明的痛。還有另一種痛，來自於突然失去他的缺憾，這件事就發生在我做到了他對我的期許，提升了自己的社會地位，並回鄉探望父母的那一週之後。那時的我已經取得教師資格，踏進了另一個世界，一個稱過去的我們為「小人物」（gens modestes）的世界，多麼高傲的說法啊……我要把父親的事寫下來，寫他從農民變成小商販的過程，寫他的生活方式，但必須確實呼應這些至今憶起仍會感到疼痛且難忘的過去。

我花了五年的時間反覆思索。一九七七年時，我寫了一個一百頁左右的小說，可是卻怎麼也沒辦法繼續寫下去，總覺得不太踏實，卻又不知這種感覺從何而來，也不明白為什麼，這一百頁的文字和聲音都和前面幾本書如出一轍。後來，在一九八二年時，我開始思考一個艱難的課題，花了約莫六個月的時間，思索我身為來自下層階級的敘事者，使用惹內（Genet）所定義的「敵人的語言」和從霸主身上「偷來」的知識書寫，這樣的問題。（您也許覺得這些詞彙言之過重，但長久以來，可能就連現在也是如此，我總覺得自己擁有的知識是擅自闖入知識份子的世界強行取得的。）

經過一番思索後，我得到這樣的結論：要想追憶父親那表面看似無關緊要的生命，忠實地呈現（他，以及我所處的世界，那個仍繼續存在的、被支配的世界），最恰當的方式是通過精確地記錄所見所聞來建構這段生命的現實。那幾個月間我給這一嘗試起了個足以清楚表明我的意圖的名字：家庭民族誌要素（Eléments pour une ethnologie familiale），最後才又改名為《位置》。這麼一來就無關小說了，小說只會讓我爸確實存在的事實變得模糊。同時，我也不能放入太多的情感或過於粗暴，讓文字染上民粹或苦難主義（misérabiliste）的色彩。我覺得必須拉開距離，客觀陳述，不摻雜情緒，也不求和文化水準較高的讀者共謀（這種共謀或多或少都影響了我最早的幾篇作品），唯有如此，才可稱為「適當」的書寫方式。我在《位置》中說的「平鋪直敘的文筆自然地流露紙頁，這種寫法就像我以前寫信給我爸媽，報告生活近況一樣。」（《位置》，皇冠文化，2022）

就是這個意思。我提到的信件內容經常都是簡潔明瞭的，幾乎可以說是剝離（dépouillement）[10]的狀態，沒有任何風格可言，一點也不幽默，如果我這麼做，他們只會覺得是「裝模作樣」或是「尷尬」而已。透過對於書寫模式的選擇與執行，我想我接受並克服了這樣的文化撕裂，成為一個法國社會的「內部移民」（immigrée de l'intérieur）。我把某種嚴苛的、沉重的，甚至是暴力的東西帶入文學之中，與人的生活條件息息相關，也脫離不了我在十八歲以前完全沉浸其中的世界所用的語言，也就是工人與農民的語言。終究是真實的東西。

無論是用羅蘭·巴特的說法，稱這種書寫方式為「平白」（blanche），或以極簡主義定義，都是文學研究者的職責範圍，確認流派、分門別類、檢視每一個作品、比較等，都是他們的事。對我來說，下筆前除了不怎麼具體的內容，如記憶、意象和感受外……空無一物。我唯一的挑戰就在找到確切的字句，做到「歷歷在目」，拋開修辭，只呈現我能感受到的真實的書寫。即使這種表達方式看似模棱兩可或不著邊際，即使在書寫的當下毫無意義可言，我也絕不會花上數個小時調整一個段落……

就今日得以回顧的範圍來檢視您從第一本「小說」到最近的幾本書，似乎是藉由不斷剝離的過程，用更精確、更尖銳的方式尋找真相。自《位置》一書起，直到《嫉妒所未知的空白》都是這樣的，這是您給自己的定位、最終的定調、您預期的目標嗎？

您意思是，事實上，打從《位置》起，我一直以同樣的方式書寫嗎？每本書都有同樣的句子節奏、同樣的速度？同時又更簡潔／純粹？我著實難以判斷。唯一可以確定的，就是如我先前所言，這本書為我開啟了一種書寫的態度，至今依然延續著，我對內部與外部的現實進行探索，把私密的與公眾的事連成一氣，排除虛構。而我的書寫方式，用您的話說是「冷靜敏銳」（clinique），是這種探索

⑩ 譯註：這個字有點困擾，dépouillement 的動詞原型 dépouiller 有很多意思，大致是剝除、脫去，讓內容更為純粹，脫離個人情感，進入「零度寫作」。英文一般譯成 letting go 或 divest。

不可或缺的要素。我覺得它像一把刀，甚至是一把利刃，這正是我需要的。

¶

閱讀您的作品時經常會思考「體裁」的問題：在生活中同步寫下的私密日記，本質上要比自傳的時序早。自傳的架構很完整，綜觀、凝練或分析了過往經驗（「自去年九月起」、「一九六三年十月」、「五二年，Y的地形」⑪等。《沉淪》出版時，您在某個簡介中提到，同一個經驗可以產生兩種書寫：您說，即時寫作（l'écriture immédiate）「與《簡單的激情》呈現的『真實』不同」。我們可以從兩本書截然不同的形式中看出端倪。您的故事是從日記或記事本中取材的嗎？

我時不時會回頭翻閱私密日記，特別是近幾年寫的，但都不是為了某種目的去翻，我認為只是出於好奇心，純粹是個人興致，與創作沒有任何關係。我從來不為了寫書找素材，以前和現在寫日記都不是為了把它加工成書籍而做。我寫了好幾個發生在沒有私密日記的時間內的故事，例如童年，或是日記遺失的期間（十六歲到二十二歲之間）。《空衣櫥》和《恥辱》也都發生在我沒有私密日記的時間。還有一種是我在私密日記中完全沒有寫到的（《位置》）或甚少記錄的（《冰凍的女人》）。不過，出於某種實證主義的態度（不願忘記事情的真相）和疑慮（「我是不是忘了一些重要的事？」），如果日記的時間與內文重疊，我的確會在文本進展順利，經常是接近完稿時回頭參考。《簡單的激情》和《嫉妒所未知的空白》就是如此。我在母親罹患阿茲海默症住院期間去探望她時寫的那本日記，給我帶來莫大的恐懼，彷彿就是那本日記導致母親死亡，因此一直到寫完《一個女人》（Une femme）之前都沒有再翻開。至於《記憶無非徹底看透的一切》一書，我在一九六三年寫的日記和記事本內容簡潔，筆觸也較為委婉，成為我書寫時的線索與備忘錄，對我來說像是史料。總之，我的日記不是草稿，也不是素材，

⑪ 譯註：這三個分別引自《沉淪》、《記憶無非徹底看透的一切》和《恥辱》，但原文沒有提出。

比較像是史料。

我所有的私密日記中只有《我未曾走出黑夜》（Je ne suis pas sortie de ma nuit）和《沉淪》兩本正式出版，都是十年前寫的，內容和發生的時間分別和《一個女人》與《簡單的激情》兩篇自傳小說相呼應。這兩項條件（間隔十年與完稿的書）中，後者是最重要的，因為有書才能出版。時間的間隔當然也很重要：拉開了距離，我才能用客觀、冷靜的眼光看待，把「我」當作另一個人，或女人，更重要的是，得以超越時代的背景，凌駕失控的情緒，看見，或者應該說感受到書寫和透過書寫表現出來的真實。不過日記的出版給了我機會「玩弄」前一個文本，以《沉淪》和《簡單的激情》為例，讀者面對的是兩種「版本」的情慾，我其實冒著混淆視聽的風險，賦予讀者另一種角度。其中一個版本較冗長，在一切昏暗未明的當下日復一日地記錄；而另一個則是簡要、精煉，著重在描述情慾的現實面。日記的內容（包括《我未曾走出黑夜》和《沉淪》）總是更粗暴、更露骨，一如盧梭所言，「交出自己所有」（fournir toutes les pieces）……打破文本封閉的邊界。

## 融入他者的慾望

早期沒有私密日記，也就是那些「史料」的時候，您是靠記憶、逐步重建，還是「靈光乍現」工作的？您在《外部日記》中提及去索邦大學查找文件……當您談到當時的歌曲，或是某個當代事件，例如在《恥辱》或《位置》中提到的那些事件時，您會特別去查資料嗎？這些資料的處理方法和書寫時正發生的事，例如《簡單的激情》（黏巴達）、《嫉妒所未知的空白》（協和客機墜毀）與時事如：「我開始思考這段文字時，一顆迫擊炮掉在薩拉熱窩（Sarajevo）的市集裡。」（《恥辱》）應該不太一樣。

記憶是我工作的基礎，它在我書寫時帶來源源不絕的靈感，甚至在我不寫東西時，在我沉浸於閱讀中的書籍時也是。我寫過這句話：「記憶是具體的。」也許不適用於所有人，但對我來說卻是真真切切的。它盡可能精確地喚回曾經見過的、聽過的（句子存在的意義，經常是獨立的、瞬現的）、動作和場景。這些源源不絕的「靈光乍現」就是我寫書的素材，也是現實的「證據」。我寫不出沒「看過」、沒「聽過」的事，對我來說那些事都是「再現」與「重播」。我的意思不是從記憶中撿來幾個畫面、幾句話，把它們描述下來或引用而已。我必須讓他們「大放異彩」，必須反覆咀嚼（我在《記憶無非徹底看透的一切》開頭也說明過。關於書寫這件事，我在這本書中談得最深入），而後我會盡量「營造」（而非述說）那份感受。我透過故事，或是對場景與細節的敘述重現它，而那個場景、那些細節和句子就是那份感受的載體。我需要那份感受（或是喚醒對那個感受的記憶），需要它毫無遮掩、赤裸裸地來到我面前。然後我才能找到合適的字詞。換句話說，感受是書寫的必要條件，也是建構真實的必要條件。用如此抽象的術語談論一項在執行面上分明很具體的工作和機制讓我感到萬分痛苦。也許用「定格」或電話留言這種一般會反覆播放的東西來說明更為合適，差別在於我想寫的東西原本都只存在於想像之中，直到字詞落紙前，一切都是隱形的、無聲的。

我堅信，總有某個「凝結」記憶的細節會造成定格、引發感受並牽動一切。可能是一個物品（父親死時，母親握在手中的餐巾），也可能是來自終止妊娠的婦產科醫生檢查我肚子裡的胚胎時說的一句話（「瞧！這小子可恢復體力啦！」）。⑫

至今為止，除了《恥辱》外，我沒有查閱過任何歷史文獻。那次是到盧昂的檔案館去翻閱我十二歲那年的地方報刊。我很少不在書裡提到歌曲，畢竟它們就在我的生命裡繚繞，每一首都帶來影像、感受，喚醒我一連串的記憶和某一年的情景：一九八九年夏季的〈黏巴達〉（La Lambada）、一九九八年的〈I Will Survive〉、一九五二年的〈墨西哥〉（Mexico）和〈古巴之旅〉（Voyage à Cuba）。這些歌是個人和集體記憶中的「馬德蓮」。至於相片，它們令我著迷。相片以最純粹的形式呈現時間。我可以盯著一張相片看上數個小時，彷彿那是個未解之謎。我在書裡描述的相片自然都是我的私人收藏，下筆時它們一定會在我眼前。

⑫ 譯註：《記憶無非徹底看透的一切》（大塊文化，2022）。

您這麼做有什麼目的嗎？是因為覺得有必要理解一些事、把過去看得更清楚嗎？還是想把當下的事連結起來，重建未曾被文字記錄的事？您對目前正在做的事有什麼樣的期待嗎？是否和其他自傳式的書寫（夏多布里昂、雷希斯、普魯斯特〔Proust〕……）一樣，「填補」曾經走過的生命裡昏暗未明的區塊？您之後打算繼續這麼做嗎？

我對人生中昏暗的區塊沒有興趣，也不想拾回所有發生在我身上的事。我的過去，說實話，我並無意探尋。我很少會把自己當作一個獨特的個體，至少不是絕對單一的，而是無數的經驗，以及社會、歷史、性別和語言羈絆的總和，並且持續地和整個社會對話（過去與現在）。是的，這一切必然會形塑出一個獨特的主體，我從這個主觀的自身出發，挖掘、揭示更普遍的、集體的機制和現象。然而，這種做法其實無法滿足我。過去我喜歡這麼說：「我和每個人一樣，都用獨特的方式生活，但我想以普遍的視角書寫。」我在《記憶無非徹底看透的一切》

一書最後對這件事表達了看法，也許比較好懂。我說我的目標是將「我的人生轉化為某種清楚易懂、普遍性的東西，好讓我的生命完完全全融進其他人的腦海和生活」⑬。布雷希特（Bertolt Brecht）有句話說得好：「他站在別人的角度思考，而別人也以他的方式思考。」在我內心深處，書寫的最終目的，我的心之所向，就是站在他人的角度去思考、去感受，一如他們（其他作家，或者更多人）在我身上得到的思慮與感受。

⑬ 譯註：《記憶無非徹底看透的一切》（大塊文化，2022）。

## 施工現場

您的書寫方式很多元，也不斷挑戰這幾個您慣用的文學類型框架：一是外部日記，目標為政治或社會學；二是私密日記，記錄感受與情緒，與民族誌相距甚遠；三是寫作日記，您的創作，或說是為重現遙遠的或即時的往事而書寫的內容。您如何「應付」這幾種類型？它們會彼此交織嗎？您是在什麼樣的情況下決定手裡的書要用哪一種類型書寫的？

除了日記，剩下的就是未竣的施工現場。在不同的功能（私密、外部、寫作和探訪母親）外，我所有的日記都有個共同點，就是記當前之事。我寫在日記裡的，無論是什麼，都是當下的事。目的當然各有不同，有時是記錄情緒，或是記錄遭遇到的困難，可能是生活上的，也可能是寫作上的，我抱持著或多或少會有點幫助的心情書寫。日記裡儲留了許多瞬間。日記的分類（其實除了私密日記寫在本子裡，其餘都是沒有裝訂的紙張）是即興的，隨手一放，習慣成自然。起手。第一次下手的動作，以及它能牽動、引發的事物經常令我感到驚訝。人們經常在談菸癮時提起它，然而我卻覺得它的力量無所不在，無論是愛是罪。十六歲那年的某個傍晚，我到母親的小店裡拿了一本 Clairefontaine 筆記本⑭，標註了年月日後，在裡面抒發愛情與社會階級（因為沒有適合跳舞的洋裝，所以不能參加某個我心儀的男孩和班上女同學都在場的舞會）給我帶來的悲傷。米成炊，事成定局，我沒有多想，也不是我的意願使然。同樣的事也發生在一九八三年的某一天，當時母親已經開始失憶，我在一張紙上寫了幾句關於母親的事，沒有寫在私密日記裡。而後，所有和母親相關的事自然而然地都寫在另外的紙張上了，一開始是零散的，之後便集合成冊。選擇在另外的紙張上書寫是隨興、不加思索的決定，下意識要從真實中抽出並放大某些事，說到底也是一種「書寫素材」，只是沒有任何既定的寫作計畫。這是慾望的手段。同樣的道理也可以用在外部日記上，甚至

⑭ 譯註：Clairefontaine 為法國一家以自製紙張做筆記本的文具品牌。

是寫作日記，為了書寫而寫，在無法下定決心的時候，這也是一種書寫的方法……莫里斯・布朗肖（Maurice Blanchot）在《未來之書》（Le Livre à venir）中對真／假文學的辯證寫過一些挺有意思的句子，儘管有點吹毛求疵仍瑕不掩瑜。在他眼中，日記不算文學。我的確會分類，但有時也會有重疊的情況。例如《我未曾走出黑夜》這本書的內容是關於我的母親，但我在一九八三至一九八六年間的私密日記裡也寫過她的事，就跟書裡談到情人A一樣（跟《簡單的激情》裡的A不是同一人）。我的私密日記裡也經常提到關於書寫的事。不過有個重點是，我從來沒有在不同的載體、不同性質的日記裡用同樣的方式寫過相同的主題。

如果日記真的有變成「文學」的一天（完工、出版），那也絕非本意。工地則相反，它投射出一個整體，儘管那個整體只有兩、三頁也無妨。這是我對計劃、規劃、探究的想法，與類型無關。實際上，這個施工現場包含不同的「路線」、不同的探索方向——寫作日記在我最難熬的時候條理分明地闡述，讓我「看清前方的道路」——多少有些冗長的、無用的開頭，還有大量的筆記、記憶點和句子等，這些東西總有「派上用場的可能」。我把它們收在一個紙板資料夾裡，不同的計畫有不同的資料夾。比如，一九八九至一九九〇年間有個資料夾名稱是「P.S.」（意思是「Passion pour S」，對S的慾望），裡面有許多寫好的片段，但我直到數月後，感覺某種東西正在成形，而我別無選擇，只能順勢接續，這才把它們變成一個獨立的文本。就像一個磁場裡原本毫不相干、分離無序的東西最終排出了一個形狀。

我出版《沉淪》的原因之一也是為了展示私密日記和《簡單的激情》之間的「罅隙」（即兩者間的差距）⑮。在某些情況下，某些時期的私密日記（比其他日記更多）和文本生成前的工地會彼此滋養。然而，這種現象只限於元素安排和內容，書寫的模式不在此列，畢竟對我來說，兩者的目的南轅北轍。《一個女人》開頭的幾頁在我的私密日記和《我未曾走出黑夜》都出現過（只是寫法不同）。二〇〇〇年六月至二〇〇一年一月間的私密日記內容自第一年的八月起，也和我放在一個名為「L'occupation」的資料夾裡那些沒有結尾的活頁重

⑮ 譯註：艾諾在括號內特別解釋這個詞是因為原文jeu這個字有很多意思。

疊。這個資料夾的內容之後也以同一個名字出版成書⑯。不過，大多數時候，日記和工地之間沒有交集（例如《記憶無非徹底看透的一切》和《恥辱》）。

## 危險的東西

您經常提到書寫時會有冒險的慾望，想寫點「危險的東西」，這是就主題而言，而不是形式嗎？就我的觀察，您的書在偏離傳統小說的同時，也質疑了敘事結構和語句，開始追求更具體的東西，「中性」的書寫、越來越簡潔的語句、拒絕修辭，這些在您最早的幾本書裡比較少見。這是您目前摸索的方向嗎？

「危險的東西」……我在一九七二至一九七三年間開始寫第一本書《空衣櫥》時，並沒有想要這麼做。只是隨著文本的發展，我意識到自己在挖掘經歷過的文化衝突，挖得很深，也發現我在家庭與學校之間的糾結，而且我的書寫很暴力。察覺此事並未讓我感到驚慌，畢竟我從未認定書會出版，何來擔憂與害怕，只管

⑯ 譯註：繁體中文版譯為《嫉妒所未知的空白》。

書寫，所謂危險也並不真實。然而，我記得當時得知 Grasset 和 Gallimard 兩家出版社最終決定出版《空衣櫥》時，我慌張失措。我的書突然變得真實了，彷彿是我做了一件不可告人的事被昭告天下似的。我為我的書感到羞恥，卻也沒想過使用筆名：我必須為我的文字負起責任，必須正視親友和同事的眼光。我好像被擺了一道，十年前我想像第一本書出版時應該會是純粹的快樂，就像完成了一項挑戰一樣。然而，我踏進文學界的方式並不「光采」，方式不對，滿腳泥濘，寫的東西否定了文學的價值，唾棄一切，傷害母親。作為第一本小說，它一點也不討喜，得不到老家鄉親的敬意，也沒有聽見家人的祝賀。然而，我心知肚明，除了這樣的文本外，我寫不出其他東西來。從一開始，儘管沒有刻意為之，我也已經將自己置身在險境之中，我過去寫「反抗」，反抗的對象包括文學，這個我在學校教授的科目。我想我的習慣就是從這裡起手的。不過也許這麼說明還是不夠。

我覺得還有其他原因驅使我寫「危險的東西」，大致和我背叛自己的原生社會階層有關。我有個「夢幻」的工作，還有什麼比把人生大多數時間拿來書寫更奢侈的，就算這是一種折磨也一樣——所以讓自己受點苦就是我「贖罪」的方式，我，從未用雙手工作的我，必須以身補過；另一種贖罪的方式則是用我的文字顛覆世界上的主流觀點。

您問我危險的是主題還是形式。老實說，我不會把這兩者分開，究其根源，危險的是書寫的方式。我們可以用感傷的、委婉的、隱晦的方式談論父母的死亡與疾病，也可以從民粹的角度談論流行文化，或用抒情的方式談論慾望⑰。這些都有人做過，再做也不會有風險。不過為了找出最合適的方式，找出一個最能呈現我的感受、「處理我想說的主題」的方式，我在探尋新形式的路上越走越遠，特別是從《位置》這本書開始，不過我想之後大概還會再提到。

所以，您還是在嘗試改變敘事形式嗎？您在文句上做了什麼調整？

⑰ 譯註：其實這裡的原文是passion 熱情，但在艾諾的作品裡經常被詮釋為慾望，所以我保留這個譯法。

影響敘事方式和書寫方式的終究是想要表達的內容，它也會進一步影響文本結構。寫《恥辱》的時候就是這樣，我甚至特意在書裡提出並分析這件事：我把十二歲那年，發生在父母親之間的一幕令我悲痛不已的場景寫了下來。為了確實表現我當下感受到的難以言喻的恥辱，我沒有選擇——意思是，所有其他的可能對我來說都不夠真實——必須用那個世界所相信的、遵循的方式描述。書寫變成一種全方位的探索。在這種情況下，我無心考究類型的問題，甚至連問也不問。

我無法斷言自己是否在嘗試改變敘事的形式，只能說我試著找到能把我眼前那如星雲般的事物（要寫下來的東西）適當地呈現出來的形式。而這個形式從來不會提早現形。

## 探尋新的形式

您在探索其他書寫形式時，是否感覺到已經無法再走回小說之路了？您是否和我一樣，覺得小說的發展在二十世紀時已經走到了極限？

一定要拿「小說」來對照嗎？所謂的小說其實早就不存在我的世界裡了。在我看來，這種形式對人們的想像力和生活的影響已大不如前（千萬不要把媒體的反應和讀者的反應混為一談，即使這兩者在某個時刻上似乎會有交集）。文學獎持續肯定小說——這並不代表它活力十足，只是證明了它的經典地位——與此同時，另一種形式正在逐漸發展，延續了二十世紀前半葉的重要作家如普魯斯特和賽林（Louis-Ferdinand Céline）這些超現實主義的創作，更突破了某些界線。例如布赫東的《娜嘉》（Nadja）⑱就是展現我們現代性的第一個文本。

文學教科書、高中會考和中等學校教師資格的文學組考試都把「小說」視為必要，要求舉例立論。一般言及書籍時，「小說」一詞能指的範圍愈發廣泛。雖然仍有死忠支持者為「虛構書寫」辯護，但我們都很清楚，說到底，標籤和類型根本就不重要。真正重要的是能顛覆感受、打開思想、夢想與慾望，還有陪伴，有時也能激勵我們書寫的書。盧梭的《懺悔錄》、《包法利夫人》、《追憶似水年華》、《娜嘉》、卡夫卡的《審判》、培瑞克（Georges Perec）的《東西》（Les Choses），這些作品的標籤都早已不復存在，不過它們是否曾經有過又是另一個問題了。

　　您之前提到「我在探尋新形式的路上越走越遠，特別是從《位置》這本書開始」。我們先前已經談過「文類」的問題了，不過請讓我再次回到這個問題上，畢竟它關係到您過去寫的書和未來的計畫，而且在我看來，它是讓您的書寫更具創新意義的因素：您的書寫超越了虛構小說、自傳體小說，甚至是自傳等類型。能否把您正在探索的事比作昆蟲學的研究或是顯微鏡下的研究？若是如此，那主要的研究對象是什麼呢？您接下來是否會繼續「挖掘」過往，聚焦放大幾個已存在的場景，就像您的某些書中可以看到從之前的書裡取出的往日場景一樣？或者，您會換個方向，以當下和近期發生的事為主，就像《嫉妒所未知的空白》一樣？

形式（比起「類型」，我更偏好這個詞，類型是一種分類法，我想盡可能迴避）的問題對我來說至關重要，但它和書寫的內容密不可分。有時，形式會在主題定下後自然而然出現，不需要特別推敲琢磨。《簡單的激情》、近期出版的《嫉妒所未知的空白》和一部分的《外部日記》都是如此。不過在書寫《位置》和《恥辱》時，我就花了不少時間掙扎這個問題。我經常需要限縮第一手的書寫素材（這是您會感覺到我在「聚焦」、「挖掘」的原因），同時也要琢磨結構的問題，大致就是形式的問題，《記憶無非徹底看透的一切》、《位置》、《恥辱》（一開

⑱ 譯註：我隨二〇〇三年行人出版的那個版本譯為《娜嘉》，但也有人譯為《娜迪亞》。都是音譯。

始只是想練習回顧一九五二年）的確都是這樣進行的。事實上，我一直是贊同福婁拜的，他曾提過「每部作品都有自己的詩意，應悉心揣摩。」要是一時間感受不到這個詩意，我便轉向其他地方，不過最終總會重拾棄置的計畫，修改它。這一大段話對您來說可能很模糊（不過我就是身在這種五里霧中，直到已完全進入其中，與文字和文本共感時，才會撥雲見日）。

《簡單的激情》、《嫉妒所未知的空白》，還有《一個女人》的內容和書寫的時間間隔不大，不過終究有幾星期至幾個月。這三個文本的內容都與一本日記「重疊」。那本日記寫的都是當下的事，大約像是為了「記住這一刻」而寫，一如儒勒·何納（Jules Renard）寫在日記裡的心願：「真正的幸福是記住當下。」

至於素材的時間點在過去或現在的問題，我想應該可以這麼說，它們是過去的事，但這個過去一直走到了現在，所以它涉及了過去的一段故事，但絕非單純的敘事。（這兩件事對現在的我而言很艱難，我暫時無法再進一步解釋）。

您為每一本書的「素材」嘗試不同的新形式，有些是素材本身帶來的想法，您在《一個女人》裡提到想寫「介於文學、社會學和歷史之間」的東西，那麼，您怎麼看待心理學？您對精神分析有什麼想法？您認為您的書寫裡有這些成分嗎？

寫「介於文學、社會學和歷史之間」的東西是我十五年前的期許，至今仍是我追求的基本信念，不過仍然有幾個文本（三個而已）背離了這個準則。

至於精神分析，大概正是因為我對生命裡那些昏暗未明的時刻不感興趣，所以也不會多想。那些偶然的啟示對我有什麼幫助？我可以拿它們來做什麼？我的意思是，我怎麼運用到書寫上？有些讀者經常會表達他們對文本的信念，認為文本就像一種精神分析，特別是自傳體小說，讓我感覺他們對文本有某種期待和誤解。期待能從自身的問題裡、從生命中遇到的難題中解脫，同時得到他人的理解，成為心理學和象徵意義上的贏家。而誤解則來自於認為書寫只是把深埋心裡的東西挖掘出來，和精神分析同理。我覺得書寫是把自己投射到整個世界，穿透表面，把我所有的知識、文化和記憶等全數投入產出文字，呈現給他人，無論這個他人的數量多寡都無所謂。這件事絕非「自我探索」。如果我能從什麼事上感受到療癒，那只能是在語言上下的功夫，以及傳承，把文本贈予他人，不問接受與否。

當然，我沒有理由否認精神分析在對人類理解上的貢獻——貢獻巨大，也不否定它在文學上的應用。然而，這其中也偶有令人感到絕望——一切都只是為了這個，為了我早就知道的事——的一面，像是個警察在追捕嫌犯，把文本當作供詞，強行解析作者的心理狀態。幾年前，有個經常在媒體上露臉的精神分析師找到《恥辱》裡的一個標點符號錯誤（在應該標逗號的地方用了句號），對此大作文章，宣稱他看到「沉默的自白」，一個刺激在我的潛意識裡留下的痕跡。多麼精彩的詮釋啊，不意外地，與戀母情結有關。不過他實在是誤讀了，句法結構，標點符號沒有任何問題……簡而言之，與其檢視他的論點是否合理，他更偏好給我冠上語法錯誤的帽子。有時我會想起阿多諾（Theodor W. Adorno）在《最小道德學》（Minima Moralia）中提到的，「精神分析把個人存在的痛苦的秘密轉化為平庸慣常之事」。

## 禮物的移轉

您在書中經常提及有種「罪惡感」，來自社會階級的改變，您覺得這份內疚是否有因為您的成功、社會地位的提升和作家的身份而變得更重？面對這樣的成就，您如何自處？

尚．惹內曾說「罪惡感是敦促一個人寫作的最佳動力」，我在《位置》的開頭引用他說的話並非偶然。我認為這種罪惡感是根植在我心中的，如果我的書寫是建立在這個基礎上，那麼我想書寫也是最能讓我擺脫它的方式。我在《簡單的激情》的結尾提到「禮物的移轉」，這是形容我的書寫最好的方法。我總覺得書寫就是身為叛逃者的我最擅長的事，就像一種政治行為和「禮物」。

剛結婚的那幾年是我最感內疚的時期。那時我完全脫離了原生環境，搬到上薩瓦省（Haute Savoie）居住，成為老師的我生活在文化布爾喬亞的世界裡。

時間點大約是一九六八年之前。當時的我不喜歡那樣的自己和那樣的生活。父親剛去世沒多久。我在博納維爾的高中裡清楚地見識了學生素質的差異，他們的語言、輕鬆的談吐和想當然爾的成就都和原生家庭的社會階級有關。我在某些女孩身上看到了自己，同樣優秀的成績、同樣的笨拙，因為覺得不屬於同一個世界，所以刻意和老師保持距離。自一九六七年起，我就是藉由書寫這些故事來揭露這個現象。

話雖如此，但我仍然清楚罪惡感不是那麼簡單的事，不能只用階級的晉升來概括。我想，它應該由社會、家庭、性別和宗教（小時候家裡都是虔誠的天主教徒）等因素構成。我不必刻意尋找，也沒有特別關注，它們自然而然地就浮現了。重要的是文本的意圖，而不是自我的探尋或是書寫的動機，把自己投入現實當中後便沒有了自己（這個自己當然必須與社會、性別等面向互動），融入「大家」或「我們」之中。

我好像還沒回答「面對這樣的成就，您如何自處？」。我想我「自處」的方式就是寫更多的東西來還債，持續書寫。不過說實話，無論如何我都不會停筆的……至於書籍的收入（說實話並不穩定），我傾向把它們視為一種奢侈品，一筆不義之財，因為本來就領著教師的薪水，而這筆多出來的錢能讓我過上比單純的教師更優沃的生活。然而，我其實不應該有這種想法的，畢竟同時從事教學和書寫對我來說是件很困難的事。這種想法背後的原因來自於我無法在書的定價、售出的數量和我付出的代價之間找到平衡。和我做的事相比，這些數字永遠是過高，同時又不足。沒有一個合理的定價。

如果您願意的話，我們談談政治好嗎？這個主題在「藝術」領域中幾乎是不屑提及的，我也同意它的確令人火大（就和米歇爾．碧朵〔Michel Butor〕在一九七三年說錢和性一樣）。您的文章都刊在左派的報刊上（《歐洲文學期刊》〔Europe〕、《人道報》〔L'humanité〕、《他者雜誌》〔L'autre journal〕），也跟我提過總統大選會投給極左派。您原本生活環境裡的工人和小商販不一定對政治問題特別敏感（話雖如此，布爾喬亞階級的人其實也差不多），在這種環境中，您的政治意識是如何形成的？

您的意思是左派的政治意識吧。左派和右派的根本差異在於，前者不允許任何地球上的人，或是不同階級的人有不平等的生存條件，我私心認為還有男、女之間也應如此。擁護左派代表相信政府會為了讓每個人更幸福、更自由、教育程度更高而努力，而非把這些事視為個人意志。相對的，在右派人士的眼中，總能找到生而有別、強權和天擇等觀念。這些觀念正好對應當下世界的經濟自由主義熱潮。而高呼自由主義是無可避免的趨勢，這樣的口號就是徹頭徹尾的右派言談與態度，這種人如今比比皆是。法國政府自八〇年代中起選擇走向自由主義，這個決定同時意謂走向了右翼，失去對社會現實的意識。

我想我的政治意識就是因為經濟和文化上的差異才會早早萌芽。您說的沒錯，中小企業很少談政治，大多投給右派。我經常聽到爸媽強調「商人之間沒有政治」，彷彿那是個不可打破的規矩，只要表達政治主張就會危害到他們的利益。工人的政治意識較高，但在我住的那個小鎮裡，由於工廠的規模較小，大多是兩、三個人的公司，還有紡織廠和十四歲就輟學入廠工作的女孩，對男生和娛樂活動的興趣更高（我對此滿心羡慕！），政治氛圍沒有那麼濃厚。總之，我從未踏進狹義政治的核心，從未像某些人一樣，參與任何黨派的會議。然而，重要的是，直到十八歲前，我完全沉浸在社會現實的日常之中，體驗著經濟、文化和飲食上的真實。「告訴我你吃了什麼，我就能知道你是什麼樣的人。」小時候我從來沒有讀過，也沒有聽過馬克思，但這樣的事對我來說如飲水般自然，我可以根據客人在母親店裡買的東西判斷他們的經濟狀況。我對需要「領取政府補助」過日子的情況瞭如指掌。其實說「瞭如指掌」也不甚精確，畢竟對我來說，這是和其他人一樣的日常，無須觀察瞭解。和勞工相關的詞彙如聘僱、解僱、「炒鱿魚」……在我的詞典裡再平常不過，我常在母親雜貨鋪旁的咖啡店裡聽見。我身處這兩個公共場所中（沒有任何家庭隱私可言），看遍各種不同形式的社會現實，當中不乏悲慘的現實。我會想像那些爛醉如泥的男人，在那樣的情況下回到家，面對家裡和我同齡的孩子，太可怕、太不公平了。

我的父母以前也屬於勞工階級，「收支平衡」對他們來說是非常困難的事（他們每天都會焦慮地計算盈收），所以從不關門休息，瘋了似地忙碌。表面上看來他們屬於較低階的中產階級，事實上卻是根深蒂固的半地主、半農民。他們之間說的是諾曼方言。他們的記憶，也是我整個家族的記憶裡，裝的都是貧窮，是十二歲離校輟學、進工廠，是人民陣線⑲。每回聽到他們談起這些話題，總是帶著澎湃的情緒。即使面對最貧困的客人，無論私下或公共場合，他們都不曾表現出輕蔑的態度。我的母親是個生性傲慢的女人，還在工廠裡工作時，工頭便說過：「這女人是從朱彼特的大腿裡生出來的吧！⑳」她是村子裡出名的叛逆份子，總是看不慣「上級」的作風。我的前夫也說她要是生在大革命時代，肯定是個編織婦㉑。她也總是在幫助他人，照顧街坊裡的病人和長者，慷慨奉獻的精神彷彿她比其他人「混得好」，所以必須回饋社會。總而言之，是個一邊真誠地實踐著天主教教義卻不受任何框架限制，另一邊又強烈渴望著正義的人。

然而，無疑是在私校就讀期間——直到高中二年級以前，受到各種羞辱與侵侮之後，我才感受到（那個年紀的孩子大約只能感受，無法真正理清）同學

⑲ 譯註：Front populaire，法國左翼政治聯盟。

⑳ 譯註：Jupiter，羅馬神話中的朱彼特即希臘神話中的宙斯（Zeus），傳說中酒神巴克斯（拉丁語 Bacchus，即希臘神話中的戴奧尼索斯 Dionysus）就是從朱彼特的大腿中出生的。這句話的意思是什麼都不怕。

㉑ 譯註：tricoteuse，法國大革命時，一群帶著毛線在三級會議或處決現場等公眾場合編織的婦人，經常會在敵對方發言時鼓噪。

間的差異。我們並不會馬上把這些差異和他們的家庭背景、父母的經濟狀況和文化水平聯想在一起，只會在他們身上看到自卑、劣勢和孤獨。在這樣的前提下，課業成績的突出並不會被視為一種勝利，而是一種偶然的、罕異的、不正常的機運，總而言之，就是身處一個不屬於自己的世界。身為一個在被支配的環境中長大的孩子，我很早就開始、且持續接觸到階級鬥爭的現實。布爾迪厄（Pierre Bourdieu）曾在某處提過「過度的傷痛記憶」（l'excès de mémoire du stigmatisé）這樣的說法，指的就是那些無法磨滅的記憶。這種記憶始終在我的腦海裡，左右我看待他人的眼光，也是《外部日記》和《外界生活》的核心。

　　這種從階級鬥爭的意識中生出的左派思想，是否和馬克思、韓波（Arthur Rimbaud）、布赫東（André Breton）（我想應該是大學時期接觸到的）經常提起的「改變生活」、「改造世界」有關？而這兩個期望是否是您書寫的大方向，書寫「計畫」的主要目標？

社會經驗，甚至對社會的意識都不會自動轉化為政治意識。印象中，直到高中三年級，在貝蒂耶女士這位優秀的老師引導下，我才把這三個人串連起來。她當時在除了少數幾個例外、大多學生皆來自布爾喬亞家庭的課堂上冷酷地說，我們的位置應該屬於那些正在努力取得職業教育文憑㉒或在技職教育中心受訓的女孩。那是一九五八至一九五九年之間的事，當時阿爾及利亞戰爭如火如荼，她讓整個班級分擔照顧一個被安置在臨時收容所的阿爾及利亞大家庭。我就是在那一年接觸到馬克思主義、存在主義和西蒙．波娃的《第二性》。今日我們可能難以想像當時電視尚未普及（報紙的閱讀率高得多），但日常談話中政治言論的比例卻高得出奇，也經常以火爆兇狠的話語針鋒相對。我在一九六〇年進入大學文學院念書時，「阿爾及利亞事件」還看不到盡頭，還有一些秘密武裝組織（OAS, Organisation armée secrète），不可能置身於政治之外。除去軍事涉入，我還是偏向統一社會黨（PSU, Parti Socialiste Unifié）的。我第一次參與投票是一九六二

㉒ 譯註：Brevet d'études professionnelles，簡稱 BEF，已於二〇二一年廢除。

年的共和國總統普選，支持前總理孟岱斯 (Pierre Mendes France) 在著作《現代化的共和國》（La République moderne）㉓中提出的理想（二〇〇二年的總統大選數據證明了他的理念是對的㉔）。

但您是透過文學來實踐您的政治理念嗎？特別是超現實主義？超現實主義「流派」的研究和這項選擇為您帶來了什麼（我的意思是您的作品）？

我是從莫理斯・納多（Maurice Nadeau）寫的《超現實主義史》（Histoire du Surréalisme）開始認識超現實主義的。我在一九六一到一九六二年間研讀時愛不釋手。那是個徹底的革命，對生活、對文學、對藝術都是。它拒絕所有保守的意識形態；阿拉貢（Aragon）、布赫東、布紐爾（Buñuel）和達利（Dali）等人宣揚性自由的強硬姿態；對資本主義、殖民主義、宗教和官方文學如克婁代（Philippe Claudel）、法朗士（Anatole France）等所有象徵的批判，這一切都讓我熱血沸騰。這種「野蠻」的行徑和六〇年代溫和良善的風氣形成強烈的反差。當時除了 Seghers 出版社的「今日詩篇」（Poètesd'aujourd'hui）系列外，很難找到超現實主義的文本，我一直到一九六三年夏天才讀到在「觀點」（Idées）系列出版的《超現實主義宣言》（Manifestes du Surréalisme）。那年，我在度假期間讀了馬克思的共產黨宣言和這本書，當然立即與布赫東的這句名言產生共鳴：「韓波說『要改變生活』，馬克思說『要改造世界』，這兩個口號對我們來說是同一個。」這些宣言在我心裡烙下深刻的印記，我也因此把高等學位的論文（相當於今日的碩士論文）主題訂為超現實主義。

㉓ 譯註：一九六二年以前，法國的總統是由國民議會和參議院選出的，這一年開始修改憲法進行普選。孟岱斯的《現代化的共和國》也在這一年出版。

㉔ 譯註：二〇〇二年的法國總統大選第一輪選舉結果最高票為右派的席哈克（Jacques Chirac），但令人意外的是，第二高票為極右派代表雷朋（Jean-Marie Le Pen）。這一結果引發法國民眾危機感，一波反法西斯運動因此展開，抵制極右派勢力。第二輪普選時，席哈克以百分之六十四的得票率勝出。

至於我現在在做的事，我想超現實主義對小說的質疑鞏固了我的信心。大致說來，我從超現實主義中獲取的是形式上的自由和通過語言來呈現世界樣貌的意志，而不是文本的「形式」（儘管《娜嘉》始終令我傾心）。布赫東想寫出「把人推上街頭」的書，《娜嘉》就把我推上了街。所以，儘管在我身上看不到超現實主義的抒情和詩意，但所有的這些，這份自由，這種追求都深深影響了我的書寫。藉此機會，我正好可以提出這個觀點，我認為一本書最要緊的，是對一個人的內在和外在產生的作用。

您的政治立場令人感到困惑，看似清晰、堅定、開放，卻又保持一定的距離（一如您在文學界的姿態）。您看起來傾向「左派」，甚至是極左，但卻不像沙特那樣明確且積極地投入相關活動（連署等）（我有可能是錯的，畢竟離得遠），另一方面，您的書裡卻也隱約透露著這種對政治的敏感。您之前對我說過：「我總覺得書寫就是身為叛逃者的我最擅長的事，就像一種政治行為和『禮物』。」當時我提出的問題與精神分析有關，這裡同樣要問，書寫是否也代表了您的政治參與？

如果從政治參與的能見度，以及在《世界報》（Le Monde）上刊載的那篇文章來看，您的想法確實無誤。但您絕非唯一一個知道我是極左份子的人！事實上，儘管我從未實際替任何政黨工作，卻支持了不少政治活動，至今仍然持續著，例如簽署請願書、參與活動，協助沒有身份的非法移民取得合法居留權。我在七〇年代參與過艾里米（Gisèle Halimi）的婦女運動聯盟 Choisir 和 MLAC（自由墮胎與避孕運動，Mouvement pour la liberté de l'avortement et de la contraception）的社會運動，這些與婦女相關的運動當然是政治參與。今年初我在《世界報》上刊載了一篇悼念布爾迪厄的文章（我認為他是五十年來最偉大的知識份子，一個真正投身其中的知識份子——我的意思是，不是在媒體上作秀而已），這件事似乎也算政治參與。

我之前的確說過身為一個階級的叛逃者，書寫是我參與政治最好的方法。然而，我的意思並不是想用書取代自己投身政治，也不希望那些書成為我介入政治的方式。對我來說，書寫是一種政治行為，換句話說，就是幫助揭露並改變世界，或者反過來鞏固現有的社會與道德秩序。有件事我一直無法理解，在作家和公眾之間總是存在這樣的成見，認為文學和政治互不相干，文學是純粹的美學活動，只為作家的想像力服務，而且作家可以——這是什麼樣的奇蹟，或是什麼樣的恩典？——置身所有社會決定因素之外，對門鄰居無論社會階級高或低都與他無關。

使用「一直」這個詞似乎有點過頭了，畢竟念書的時候，乃至我剛開始書寫的那段時間，也就是二十歲左右，我也是這麼想的。當時的我認為文學是唯我、反社會且無關政治的活動。要知道，六〇年代的文學重點在於形式，在於探索新的小說技巧。所以我也曾經把書寫當作是創造美好、新奇的事物，為自己和他人帶來超越日常生活的快樂，除此之外毫無用處。這裡的美好指的是「遙遠」，離我的現實生活十萬八千里，只能在虛構的情境和抽離的感受與情感中產出，並且和物質生活毫無關聯的東西。後來，我把這段時間稱為「牆上的光斑」（la tache de lumière sur le mur），對我來說，最完美的狀態就是用一整本小說來呈現在一個夜晚的房間裡凝視陽光殘留在牆上的痕跡。這個想法最後當然沒有付諸實行，當時寫的東西——我取名為《五點的晨光》（Du soleil à cinq heures）——沒有受到任何出版社青睞！

後來，我其實也從未有過任何一個時刻，突然認為寫書是為政治服務，也沒有像決定加入一個政黨或參加一場示威遊行那樣，突然萌生以書寫作為政治行動的慾望。不，這是循序漸進的，是在生命與知識的道路上，從不同的方向，有時甚至經歷了痛苦，然後才走到這裡的。說了這麼多，好像很冗長，不過您應該也發現了，我沒有辦法只說結果而不說過程。這一切——包括所有人、我和我的想法——在我看來，都是故事。二十三歲至二十七歲這四年間我沒有寫東西。這段時間內，就某種程度來說，因為經歷了一些事件——私自墮胎、離鄉背井、走入職場、全職授課、懷孕生子、喪父——現實與文學對撞，攪亂了我的視野和我對書寫的觀念。簡而言之，我對社會階級的認識、叛逃者的身份，以及文化和文學與現實脫離的經歷，完全改變了我的慾望：我再也不想以美好為前提書寫了，要從真實的東西出發，書寫就是把現實寫下來，包括在社會低層成長的童年、與原生文化決裂的文化適應過程和女性的性別議題。我不必大聲宣告，但《空衣櫥》的書寫無論從內容或書寫方式（語句粗暴，辭彙與句型不「正當」且通俗）來看，顯然除了文學性之外，也都自帶了政治意識。

## 被支配的世界與文化

我是在寫《位置》時才真正意識到書寫的政治意義和它的嚴肅性。我，身為敘事者的我，生於被支配的世界，如今卻生活在支配者世界的我，要寫關於父親和被支配的世界與文化。我發現，其中最難拿捏的是要避免陷入苦難主義（misérabilisme）和民粹主義（populisme）的泥淖，以至於無法提供一個既客觀又主觀的現實。同時，我也不願意站在那些以陌生且充滿異國風情的眼光稱之為「底層世界」的人那邊（一如當權的右派政客那樣不加引號、無恥地指稱）。更不必說二次背叛我的原生階級了：第一次是非戰之罪，是我在進入學校受教育後獲得大量的文化知識；第二次則是很有意識地站到了支配者的立場上書寫。羅蘭．巴特曾說寫作「是選擇一個社會場景（airesociale），在這個場景內確立語言的屬性（Nature）」㉕。

㉕ 譯註：出自《寫作的零度》。

就是這個選擇讓我清楚地領會，並且引導我走向先前提過的「距離的書寫」（écriture de la distance）。這種書寫可以說是被支配者的視角強行介入文學、侵擾文學，運用支配者的語言工具，特別是我當時用的傳統語法，呈現出兩者的距離。《位置》一書就是透過這種方式傳達了我父親的觀點，更通過穿插在敘事間的字詞表現工人與農人階級的心聲。書中也寫出一般人通常不會注意的語言階級「標誌」，例如以上下引號框出「普通人」、「小人物」等用語。

其他文本，例如《簡單的激情》、《記憶無非徹底看透的一切》，甚至是《嫉妒所未知的空白》之所以為政治書寫，原因在於它們嚴謹地探索且揭示了女性的真實經歷。透過這樣的揭示，男性看待女性的眼光，或者女性看待自己的眼光將會有所不同。這之中亦包含了另一個與政治密切相關的關鍵因素，書寫多少因此「具有影響力」，那便是以「我」為出發點的自傳和故事當中敘述的事所帶出的集體價值（valeur collective）。比起「普遍價值」（valeur universelle），我更偏好集體價值一詞，畢竟沒有什麼經歷是普遍的。「我」的集體價值，亦即文本世界的集體價值，在於它超出了個人經歷的獨特性，超越我們在生活中個人意識的侷限，讀者因此得以把文本據為已有，提出疑問，釋放自我。這個過程自然是透過閱讀時產生的情感來執行，但我想，有些情感比另一些情感更具有政治意義……

我發現論及政治時，我的話比講其他主題還多，甚至可以再多。因為我所做的每一件事、我的書寫都不能脫離這種政治面向：首先是屏拒虛構小說和自傳體小說，把書寫的視野放在對現實的探索上，也就是那句我可能已重覆多次的話，我寫的東西介於「文學、社會學和歷史之間」；除此之外，還有用同樣的方式寫不入流的「對象」，如超市、RER（巴黎區間快鐵）、墮胎，和所謂「高尚」的題材如記憶的運作、時間的感受等，顛覆文學與社會階級，並把兩者結合起來。最重要的是，當文學作為持續探索的工具與知識的載體時，要能成為解放者。

暫且拋開宗教意義與耶穌對法利賽人的告誡，這便是我對「真理必叫你們得以自由」這句話的解讀。

## 知識與對世界的理解

您是一位心思縝密的讀者，我認為您對文本，無論是您自己的或是他人的，都有很清晰的理解。除了您在前面提過的那些超現實主義與新小說的作家外，還有哪些時代較早的作家對您敏銳的，或如您所言「鋒利」的、有助於探索真相的書寫產生了影響？蒙田嗎？或是盧梭？

我還是想從最初說起，談談從我還小的時候起，直到成為青少年，甚至更大之後，在這麼長的一段時間內，閱讀對我來說是什麼。這種對閱讀的想法，在我開始書寫後便逐漸消失了。過去，閱讀就像另一個生活，我能花上好幾個小時，在書籍之外輪番扮演奧立佛·崔斯特（Oliver Twist）和郝思嘉（Scarlett O'Hara）等等在連載故事裡讀到的英雌。而後，它又成為我認識及解釋世界與自我的方法。去年我重讀簡化版的《簡愛》，十二歲至今第一次重讀，我竟感到有點困惑，與其說是重讀一個故事，更像是在「重讀自己」，在拾回這本書和敘事者「我」植在我心裡的某種東西，某種形塑了我的東西。本來以為只是純粹被故事吸引，被那個在洛伍德寄宿學校過著悲慘生活的小女孩感動㉖，沒想到我對世界的想像都來自那個故事。書籍對我的想像，想當然爾也對我的書面語學習、我的慾望、我的價值和性觀念影響甚巨。我透過閱讀探索一切。而後，書寫取代閱讀，填滿了我的生活，也取代了書籍，成為我尋找現實的地方。

我的閱讀量很大，來者不拒，除了《咆哮山莊》、《惡之華》外，也看Delly㉗、伊利莎白．巴比耶（Élisabeth Barbier）和她筆下那些《莫加多莊園裡的人們》㉘、克朗寧（Cronin）、丹尼爾．格雷（Daniel Gray）。事實上，關於

㉖ 譯註：作者這裡好像搞錯了，原文是寫 Blackhurst 寄宿學校，可是簡愛讀的應該是 Lowood。

㉗ 譯註：Delly 是 Jeanne-Marie 和 Frédéric Petitjean de La Rosière 兩位兄妹共用的筆名，二十世紀初法國重要的暢銷小說作家。

閱讀，有件事讓我感到驚訝，我發現對我的人格和青少年時期產生影響的，並不只有後來才真正體會到美好且充滿力量的文本，或許有些我現在甚至無法理解——除了《嘔吐》（La Nausée）㉙或《憤怒的葡萄》（The Grapes of Wrath）㉚這種顛覆性的作品外——只能用看好戲、幽默或諷刺的態度看待的小說，在當時對我的影響更為深刻，只是我現在已記不得了。這是針對閱讀的壓抑記憶。其實，長期以來，我都在一個短缺的環境中閱讀：書籍昂貴，私立教會學校裡對讀物極其嚴格的控制（這點我在《恥辱》中提過），還有公立圖書館裡的人也很不友善。但我在圖書館裡讀了所有能看到的書，當時對閱讀的執念是今日的我無法想像的，這種執念也因為被禁止而更加堅定（莫泊桑的《德利列妓院》〔La Maison Tellier〕、《她的一生》〔Une vie〕都是我十二歲時母親讀的書）。特別是對那些無法取得的書。我記得十五歲那年讀了 Hatier 出版社的青少年經典名著系列㉛，但沒有收集到全集，這種「有漏洞」的閱讀，面對那些既被揭露又被隱藏的文本，我既興奮又不滿足。讀該系列巴爾扎克的《高老頭》時，我看到同一作者的作品列表中有《對於絕對的探索》（La Recherche de l'absolu），急欲拜讀，然而它卻沒有被收在這個系列裡……直到二十歲讀大學時，我才看了這本書，事實上，跟先前的期望相比，我對它非常失望。

想當然爾，我對這些作品的書寫不感興趣。在開始上文學相關課程前，我完全不懂怎麼分解內容與文字。有段時間，我欣賞沙特、史坦貝克（Steinbeck）和福婁拜。而後，又喜歡布赫東、吳爾芙（Virginia Woolf）和培瑞克。我覺得，即

㉘ 譯註：《莫加多莊園裡的人們》（Les Gens de Mogador）是巴比耶的長篇小說，敘述三個女人共同經營一間位於南法普羅旺斯的莊園的故事。

㉙ 譯註：La Nausée 是法國存在主義哲學家沙特在一九三八年出版的重要著作，為日記體小說，內容描述主角羅昆丁在海邊丟石頭時，突然感覺到一陣噁心，因此開始探索自己存在的意義與造成他嘔吐的原因。內容多探討現代人的孤獨與迷惘。

㉚ 譯註：The Grapes of Wrath 是美國諾貝爾文學獎得主約翰·史坦貝克在一九三九年作品，寫二十世紀三〇年代美國經濟大蕭條期間，主角喬德一家往加州逃荒的路上所見怵目驚心之事，為社會寫實巨著。

㉛ 譯註：這裡指的是 les classique Hatier 系列，以國中和高中生為讀者群，改編經典名著，旨在降低閱讀門檻，讓青少年享受閱讀的樂趣。

使到了現在，我對書寫的形式似乎仍然沒有那麼感興趣，反而是作家的寫作計畫和透過文本實現的理念才是我關注的重點。如果我對一個計畫無感，就完全無法喜愛，例如格拉克（Gracq），還有相較之下稍微多一點興趣的莒哈絲（Duras）。

您認為閱讀是書寫的延伸，還是書寫的動力（或者相反）？

我直覺想回答您「不是」。不過在仔細思考後，我會說「現在不是了」。閱讀在我生命的某一段時期扮演了重要的鼓吹角色，正確來說是在二十到二十三歲之間，就在我打算開始寫東西和動筆之際。我那時寫了一個有趣的文本，之前提過，Seuil 出版社拒絕出版的那本。二十歲進入文學系就讀後，我決心「留在文學界」，想要深入瞭解、以筆為箸，認真投入實踐。於是，我開始兩個模式的閱讀，一種是為了應付考試而讀——不過我投入了超出必要的心力，特別是閱讀福婁拜——另一種是當代的文學書籍。我訂閱了《法國文學》（Lettres française）報刊，也到伊沃托（Yvetot）的圖書館借閱（這時候的我已經敢進圖書館了），《橡皮擦》（

Les Gommes）、索萊爾（Sollers）的《奇特的孤獨》（Une curieuse solitude）和勞倫斯．杜雷爾（Lawrence Durrell）等蔚為風潮的文學著作。現在回想起來，我才意識到自己那時有多麼熱衷——我不認識比我更投入的學生——我看到了另一個世界，一個更高級的世界，是文學的本質，而我也想要透過書寫到達那個世界（雖然我當時沒有讀普魯斯特，但福婁拜的所有作品和信函我都讀完了）。

接著是一大段空窗期，閱讀與書寫都暫時停滯，那時我教國中一年級到技職學校三年級的法文課，沒有太多時間「為我自己」讀書，也就沒有機會探索當代作家和過去沒讀過、現在課堂上也用不到的早期作家。書寫的慾望猶在，只是離得很遠。直到父親去世，有了想寫的東西，我才突然提筆，這件事我們先前提過。一九七二至一九七三年間，我經歷了幾次低谷，也有了一些新的體認，都和文學無關。一九七二年初，我進入一個新的階段，我的書寫計畫對我來說變成生存的問題，我不惜一切代價也要完成。我妄自認為那件事沒有人做過。我從未看過有人寫出我內心的感受——簡而言之，就是在受了教育後，從被支配的世界進入支配者世界的過程中產生的感受——當時有一本書，在某種程度上，給了我力量把這種感受說出來，把我推上前線，面對這則「故事」，這本書是我在那年春天讀到的布爾迪厄和帕斯隆（Jean-Claude Passeron）合著的《繼承人》（Les Héritiers）。我還記得某一天，我在安納西（Annecy）當地的書店為國中圖書館選購文庫本書籍時，內疚感油然而生，怪自己沒有執行我那些計畫，那些在我看來比我手上正在翻閱的其中幾本小說更重要的計畫。事實上，如果我們沒有這樣的自信，也就沒有必要寫了。而我在那年提筆寫了《空衣櫥》。

這本書出版後，我成了公眾人物——雖然是在有限的範圍，而且離巴黎很遠——成了一個「寫書的人」，我決定繼續寫下去，也因此開始更大量地閱讀，彷彿我必須跟一些近代和當代的作家對話，也許也因為我還沒弄清楚自己寫了什麼，大量閱讀能幫助我給自己定位。我讀了賽林的作品，在那之前我只知道《絕夜旅》（Voyage au bout de la nuit），因為有人認為我寫的東西和他的作品相似。接著我又看了麥爾坎・勞瑞（Malcolm Lowry）、沙林傑（Salinger）、卡森・麥卡勒斯（Carson McCullers），貪婪地把它們吞下去。還有法國比較當代的小說家，我記得看了羅傑・柯尼葉（Roger Grenier）、伊內絲・卡格納蒂（Inès Cagnati）——

她那些扣人心弦的故事值得更多人關注，例如《瘋狂的天才》（Génie la folle）——還有賈克．波瑞爾（Jacques Borel）等。我看書的方式也改變了不少，多了一些批判，關注的重點多在技術層面。我有一本筆記以此為主題，寫普魯斯特和《追憶似水年華》——可是我忘了什麼時候寫的，大約是一九七八年至一九八二年間吧——寫的東西大致像是我十五年前讀這套書時是純粹以感性去閱讀的，沒有思考它是「怎麼寫的」，但現在的我對文本的結構更敏感了。

從超現實主義到布赫東（您之前提到《娜嘉》，也許還可以加上《瘋狂之愛》（L'Amourfou），您「排斥」或捐棄小說的做法似乎符合這些人的理念，然而您如利刃、如礦石的書寫手法，不加修飾、沒有隱喻，這樣的風格好像又和他們背道而馳。（您在一九八四年時說過這樣的話：「避免在書寫時被情緒牽著走」，這句話很切合您在做的事。）若是站在超現實主義的邊緣上看，也許可以拿您之前提到的雷希斯為例，他想寫的東西應該與您相近，但他夢幻冥思式的風格又與您冷靜敏銳的入世敘事相去甚遠。

我覺得其他作家的影響，特別是在句子層面，也就是一般說的風格上，似乎很難明確地說清楚。一方面，我認為知道自己刻意與誰作對、知道自己寫出來的文學是在對抗什麼也是很重要的。這件事對我而言舉足輕重，長久以來皆如此，直至現在依然不變。另一方面，我相信句型、節奏和選詞用字這些事都有深層的因素，烙印著不同層次的學習痕跡（就學多年期間學到的經典文本，以及自己在閱讀的過程中挖掘到的作家），還有與文學無關的事、筆者個人的經歷。就我個人而言，最早那幾本書展現出來的是暴力，而後這種暴力受到壓抑，限縮、沉潛到我的童年之中，我能感覺得到。我知道在我身體裡有種受到某種拘束的、實在的語言，原始的語言，我試圖透過我學到的精緻的語言來找回它，重拾它的力量。我對文字的想像，一如我先前所言，是堅石、是利刃。

不過，還是有一些人的行動肯定了我想做的事，都是些不同的計畫，如超現實主義、雷希斯、西蒙波娃和培瑞克。當代的作家中，包括帕斯卡・基聶（Pascal Quignard）、雅克・胡博（Jacques Roubaud）、杜沃夫斯基（Serge

Doubrovsky）和義大利的費迪南多・卡蒙（Ferdinando Camon）等。再早期一點的，還有盧梭（我又提了他一次，因為不得不說《一個孤獨漫步者的遐想》（Les Rêveries du promeneur solitaire）和《懺悔錄》（Confessions）裡的許多段落是多麼令我欽佩，他那無盡的透明）。

您從來沒想過寫一些剖析這些作家的書嗎？

一九七七年，我進入國家遠距教學中心（CNED）工作，一開始負責大學通科文憑（DEUG）㉜的課程規劃與文學科的考題，後來又負責中等學校教師資格（CAPES）的考題。這份工作我一直做到二〇〇〇年，這段時間內我強迫自己以嚴謹的態度處理每一位作家的文本，用客觀的方式撰寫文章。這份工作對我來說既困難又有趣。困難的地方在於，這種文章的目的不是寫出激動人心、扣人心

㉜ 譯註：法國高等教育舊制中的文憑，相當於就讀兩年大學，這種文憑不分專業。

弦的內容。我對個別作家——說的是盧梭、普魯斯特——和個別文本——布赫東的《娜嘉》——的喜好都必須轉化成專業的分析和批判思維。而它的有趣之處就在於，這份工作顯然能讓我繼續寫東西，我不必多想，就能以寫作者的身份與文本和相關評論對話。我這裡指的評論不是一般的書評、書籍推介或媒體評論，而是試圖探究一部作品的如何與為何的論述，例如布朗肖、巴特、高德曼（Goldmann）、斯塔羅賓斯基（Starobinski）和碧朵（在我眼中，他不只是一位重要的小說家而已）等。我對所有的文學理論感興趣，無論是姚斯（Jauss）的接受理論或熱奈特（Genette）都很吸引我。我從來不認為閱讀這些理論與分析會減損作品的價值或「抽乾」文本的滋味，反而讓我遠離一般論述中對是或不是文學的二分法，或是如昆德拉《小說的藝術》（L'Art du roman）或其他論述帶來的恐怖主義，以及他們對文學那虔誠神聖的觀點，從而獲得了某種書寫的自由。不過，我也因此沒有時間和慾望再寫關於作家的論述。我指的是對作家的自由評論和個人觀點。這種事我似乎只做過三次，寫華樂利．拉爾波（Valery Larbaud）、帕維澤（Pavese）（在已經停刊的《小說》（Roman）期刊中）和在《歐洲文學雜誌》

上刊的保羅．尼讚（Paul Nizan）。我覺得和後面這兩位作家的關係密切，幾乎如手足。我希望每個人都可以讀尼讚的《亞丁阿拉伯》（Aden Arabia）和《看門狗》（Les Chiens de garde），以及帕維澤的《美麗的夏天》（Le Bel Été）和日記。

您是否考慮把這些期刊雜誌上的文章集合成冊？或是像米歇爾．碧朵那樣，寫一些其他主題的論述？

哦不，我一點也不想出一本東湊西湊而成的「選集」……而且我也對寫散文隨筆沒興趣，無論是不是文學都一樣。我覺得真正要做，必須做得深刻、嚴謹，像碧朵的《評論集》（Répertoires）或布朗肖，然而，就是因為必須沉浸其中，所以基本上和文學的投入沒有什麼差別，就像寫廣義的虛構小說，或是自傳體小說。我認為自己沒有這種力氣，還有其他人可以做得比我更好。

話雖如此，我有時還是會一時興起，為剛看過的書和作家寫心得。這些文字只是為了自我娛樂、提問或洩憤而已。

¶

我可以理解您對格拉克的作品沒有感覺（我個人很喜歡，不過他創造出且似乎生活在另一個世界，大約是在十九世紀，而不是二十或二十一世紀，至少小說裡是這樣的）可是我還是想請您更精確地說明莒哈絲的文本哪些部分與您的信念相左：原因來自於她特殊的寫作風格、她的句法結構、她的個人特質，或是她的這些寫作計畫？就第一印象來看，儘管您們之間存在許多差異，但的確也有相似之處：她和您一樣「敢於」談論自己的童年、性觀念和情人，而且把個人生活當作創作的素材……

我一直很肯定自己不會寫出和莒哈絲一樣的東西，有點驚訝您會拿我和她相比。老實說，您是否不自覺地跟從了群眾意志，把兩個女作家放在一起討論？相較之下，很少有人會同時比較一個男作家和一個女作家……瑪格麗特．

莒哈絲把她的一生寫成了虛構小說，我卻是反抗這種文類的。她對空間和時間的處理首先考量詩意，那些咒語、反覆和抒情也讓她的風格如詩如畫。我們書寫的節奏和語言使用都大相徑庭，最大的不同可能是她的作品裡缺少歷史性和社會寫實的成分。話雖如此，我還是很喜歡《抵擋太平洋的堤壩》（Un barrage contre le Pacifique），還有《痛苦》（La Douleur）㉝、《坐在走廊上的男人》（L'Hommeassis dans le couloir）和《安德馬斯先生的下午》（L'Après-Midi de monsieur Andesmas）。

莒哈絲的作品的確很多元，而且與歷史性沾不上邊。可是我覺得她和格拉克都是身於「文學之中」、「書寫之中」的作家。對我來說，我喜愛的作家和讀不下眼的作家之間只有一個無法清楚表述的差別：一邊是難以定義的「文學」，另一邊是其他作品。而這區別的標準應該是在於文句、風格和書寫計畫。可是當您

㉝ 譯註：這本自傳小說改編成電影後，台灣上映的中文名稱為《莒哈絲的漫長等待》。

說比起風格，您更在意「作家的寫作計畫和透過文本實現的理念」時，我便理解您堅持探索的事了，而且也從這些話裡明白了您的觀點。

無論是普魯斯特、雷希斯或超現實主義的實踐，我們確實都很難切割作品的企圖與書寫本身。然而，我和您一樣直覺認為作品的背景、目的和它所探求的意義——這一點和生活息息相關——都比風格更重要。《墓中回憶錄》（Mémoires d'outretombe）裡有許多精彩的段落，但我對夏多布里昂的書寫——形塑了他的形象與生活方式——沒有什麼想法，可是斯湯達爾（Stendhal）的《亨利・布紋拉的一生》（Vie de Henry Brulard）就讓我深感共鳴。普魯斯特的文字有故作風雅之味——我說的是關於山楂花的部分，幾近矯情——我不太欣賞，然而他做的事、《追憶》的結構都令我讚嘆不已。有時我也會對娜塔麗・薩羅特（Nathalie Sarraute）感到厭倦，但她的作品以「潛台詞」帶出她揭示社會生活問題的慾望，探索人與人的關係中最細微的思考與行動，我認為至關重要。超現實主義運動中，最令我傾心的是完全的顛覆，這一概念是該運動早期文本的核心，如阿拉貢的《放蕩》（Le Libertinage）或《黃金時代》（L'A ge d'or）這樣的電影。布赫東在我心裡最重要的是他的探尋，這種探尋貫穿了他的文字，在《娜嘉》一開頭，他就對「我」的本質提出疑問，想知道「我到這世上來的目的為何，而我又帶來什麼獨一無二的訊息……㉞」此外，還有布赫東充滿感性與反思，絕不妥協、不讓步的特質。至於雷希斯，他的探尋展現在語言、文句和從童年裡汲來的字詞，這一點和我一樣，不過，不同的是，回憶為我帶來的字句幾乎都是從他人嘴裡說出來的，這些字句為我製造了接觸社會與歷史的機會，我因此得以解讀過去的現實，《一個女人》裡我的母親說的話就是這樣的。

我再多問一個問題，重要的問題，因為您剛才提到哈伯葛利葉（Robbe-Grillet）的《橡皮擦》和碧朵的《行事曆》（L'Emploi du temps）：您與二十世紀最後一個重要的「文學運動」，新小說（Nouveau Roman），的關係是什麼？

㉞ 譯註：《娜嘉》，行人出版，2003。

我在了解超現實主義之前就已經注意到新小說了，那時我在英國當互惠生[35]，本來應該念英文的時間，我都花在閱讀芬奇利（Finchley）圖書館借來的當代法國文學書籍上。那兩年間，我對新小說充滿興趣，直到我在一九六二年十月開始寫小說時，也很肯定想效法這股潮流。這個想法代表我要進行研究，把文學當作一種研究，打破過去的虛構小說傳統。我記得一九六二年夏天在西班牙布拉瓦海岸和朋友M一段不怎麼愉快的討論。我堅持她正在讀的莫里亞克（Mauriac）小說——《愛的荒漠》（Le Désert de l'amour）——是無趣的傳統文學，並提出吳爾芙的《戴洛維夫人》（Mrs. Dalloway）就結構上來看和《修正》（La Modification）一樣，在我眼裡都是新小說的先驅。

當時接觸新小說，在閱讀了克洛德·西蒙（Claude Simon）、哈伯葛利葉、薩羅特和品哲（Pinget）後，我確定——如今已成為眾所皆知的老生常談——在他們之後，我們已經不能像過去那樣寫作了，寫作就是一種尋找，尋找另一種形式，而不是去複製。因此，也不能仿製新小說……

㉟ 譯註：au pair，寄宿在別的家庭中，替雇主看顧小孩的青少年或青少女。

## 我有個女人的故事

您有兩本書的書名使用了「女人」這個詞，兩本的主題截然不同。娜塔麗·薩羅特曾寫信給我，埋怨我在以「女性書寫」為主題的研討會上發表一篇關於她的論文。她認為自己是廣義的作家，沒有性別的區分。您認為自己是女性作家（或是像魁北克的用法，稱為「écrivaine」），或者是中性的「作家」？

跟娜塔麗·薩羅特一樣，我也不喜歡被歸入「女性書寫」的範疇。文學界沒有所謂的「男性書寫」，也就是和生理性別與男性相關的書寫。使用女性書寫就等於強調性別差異是創作與接受的重要因素（而且只針對女性），也就是以女性為目標讀者的女性文學。舉例來說，在女性雜誌和Harlequin出版的小說（有些還不是女性寫的）中，這個概念大受歡迎，而且以各種刻板印象為養分。與它相對的男性書籍，大概是SAS偵探間諜系列小說，只是我們不會稱之

為「男性文學」。㊱

話雖如此，我相信每個人都是個別故事的產物，而這些背景故事會對書寫產生影響，包含家庭背景、原生環境、文化經歷，當然還有性別角色都是影響的因素。我有一個女人的故事，什麼樣的奇蹟才有可能將這個故事抹滅，只留下一個單純的作家（實際上這是個奇特的概念，因為我認為推動一個作家寫作的就是那些特別黑暗、複雜的東西）？我最近讀到您和米歇爾．碧朵十二年的書信往來（原註：《距離》〔De la distance, Le Castor Astral, 2000〕），有種在讀男性作家信件的感覺，我之前也跟您提過。這些信件裡流露出一種男性獨特的生活方式與筆觸，我很難定義，但有失重之感。您的故事和女性寫出來的不同。我對我的女性故事並沒有意識，只有在它成為我探究的目標時才會浮現，例如《冰凍的女人》和《記憶無非徹底看透的一切》。這第二本書的意圖就呈現在標題上㊲：除了見

㊱ 譯註：作家一詞在法文中原本寫作 écrivain，可指任何性別的作家，加拿大法語中則另外獨立出一個字，加上陰性後綴寫作 écrivaine，指女性作家。今日法國使用這個陰性名詞的比例也逐漸提高了。

證某個事件外，也要展現一個只存在於女性身體的經驗，墮胎，自時間、社會、神聖，以及女性啟蒙等角度來衡量。同時我也想讓它成為記憶與書寫的經驗，書中約有三分之一都在寫記憶，以及它和書寫的關係。藉此挑明女性的經歷，墮胎，並非可恥之事。我不確定自己是否做到了！不過這本書帶來了尷尬就代表它擾亂了觀點。

總歸是件好事！我閱讀這本書時，並沒有感覺到敘述的是一個「只存在於女性身體的經驗」（很有趣，我現在才意識到這點），反而是一個普遍的人類故事，即使我並非生理女性，除非透過他人的講述，我無法直接體驗女性在愛情、病痛和懷孕等時刻的生理感受，但還是感覺到它與我所經驗的事相近。因此，我把您的書當作是一種普遍經驗的探索。我的意思是，一如色諾芬（Xénophon）和尤瑟娜（Marguerite Yourcenar）描述的地方和時代一樣，儘管陌生，我還是能在其中找到自己熟悉的元素。我並沒有感到「尷尬」、被排斥，也不覺得入侵了女性的「私密」空間，其中一個原因也許是因為這是一種書寫、記憶的經驗，伴隨著相關的「考古學」研究，或者應該說平行研究，以及重建一個距離我們不算太遠，卻已與我們的時代截然不同的年代（六〇年代）的練習。那麼，女性主義——相對的男性主義並不存在——對您而言，有什麼意義？

一開始，女性主義這個詞對我來說沒有任何意義，但從我來到這個世界開始，它就是一個身體、一種聲音、一番說詞和一種生活方式：我的母親。我在《冰凍的女人》裡提到過，我能自由閱讀想看的書，對所謂「女子技能」如縫紉、下廚這些事一概不熟，另外也重視女性學習與經濟自主。母親的嚴厲和父親的溫柔打破了我在體驗這個世界的過程中得到的男女刻板印象。然而，刻板印象仍是深植心中的，一如我從約會的男孩那裡得到的印象。對我來說，我遇到的那些男孩，以弗洛伊德的話形容，就是「黑暗大陸」（我沒有兄弟）。我可以大聲說，社會地位較低的出身和身為女性的處境累積起來的壓力是沉重的，幾乎把我壓到

37 譯註：《記憶無非徹底看透的一切》的原文標題為 L'événement，直譯為「事件」。

了崩潰的邊緣。我在這個時候遇見了波娃（Beauvoir），當然不是真的碰面，我從來沒見過她，也沒當面說過話，只在我最早的那幾本書出版的時候跟她通過兩封信。十八歲那年，我在《第二性》裡遇見了她。我還記得那是個下著雨的四月天，我讀了她的書，就像得到了某種啟示。過去那些年，在昏暗不明、痛苦、難受的情況下經歷的一切突然被照亮了。那時，我開始相信，意識的覺醒，即使本身無法解決任何問題，已經是朝著自由與行動邁出一步了。（我經常會想到普魯斯特說過一句話：「生活在什麼地方築起了牆，智慧便在那裡鑿出一個洞」）我最近才意識到波娃的這本書給我帶來的影響。從高中的哲學課之後，我就再也沒讀過這本書了，最近翻閱它時，看到這樣一句話：「女同性戀者選擇了輕鬆的道路。」（我不這麼認為）我在一九八九年的日記中也寫了這句話，當時我一點也沒想到它竟是來自於近三十年前我讀的一本波娃的書。

從某個方面來看，母親的形象和波娃的文字相互呼應，在我心裡建構了一個活生生的女性主義，甚至沒有概念化的過程。而非法墮胎的事又讓它變得更堅定。我在一九六四年完成的碩士論文主題是關於超現實主義中的女性，我挑的幾本輔助用的文本包括莫泊桑的《她的一生》（珍・拉瑪爾最令人感到絕望的一生）和吳爾芙的《海浪》，都是我非常喜歡和欣賞的書。一九六六年夏天，我曾有過一個寫作計畫，想寫「一個女人的存在」（本來忘了，最近才在日記裡看到）。

一如我曾說過的，我積極參與一些協會的活動，比方說一九七二年至一九七五年的MLAC㊳；然而由於住在外省，離巴黎市不近，且我基本上拒絕女性本質論的論述，因此也遠離部分團體如MLF（女性自由運動，Mouvement de libération des femmes）的活動。我並不認同安妮・勒克雷克（Annie Leclerc）那本小書《女人的言論》（Parole de femme），更廣乏地說，我不同意讚揚女性的抒情文學，我覺得它們和讚頌民眾的民粹主義差不多。

我發現自己在這個話題上停留了很長的時間，而且我還有許多未盡之言。例如我的語言很具體，說的都是實情，「文字如實物」，字裡行間透露某種程

㊳ 譯註：自由墮胎與避孕運動（MLAC, Mouvement pour la liberté de l'avortement et de la contraception）。

度的暴力（根源於被支配的世界），這些都適用於女性主義。因此，可以把《簡單的激情》視為一本反情感的小說。從某種程度上來看，身為社會階級和女性角色的叛逃者，這兩個身份給了我力量，也可以說是勇氣，面對那些始終「監看」女性的書寫與行動的社會和文學評論。至今這些人仍以性別來指稱和分類作家，例如「如今女性已有了書寫性慾的勇氣」、「比男性作家的數量還多」（我不這麼認為）等等。我們不會聽到「今日的男性作家寫這樣、那樣的書」或「秋季文學獎由男性作家包攬」（這種情況的確發生過）。文學界和其他領域一樣，都存在著男女競爭，我認為強調「女性書寫」或女性勇於創作事實上是男性在潛意識中為了阻止更多女性進入文學界，藉此確保他們的主導地位，並持續霸佔不加任何修辭的「文學」的做法。

部分男性會因為閱讀您的文字而感到「不適」，您是刻意為之嗎？我的意思是，這種不適感是您的目的，還是妨礙了您？您是否想透過行使言論自由的權利，包括談論性慾（但更常是冷靜敏銳的言論），就像男性討論女性一樣，展開思想的改革？

我不明白您所謂的「不適」從何而來。若真有此感，也並非我本意，因為我寫作時只想著我想表達的「東西」，並沒有考慮到男性或女性。不過，會有這種困擾其實也不奇怪，我們每個人的思想模式都是在特定的文化和歷史的背景建構出來的，這個背景也賦予了男性和女性角色和語言的差異。不過儘管我並非有意激起這種反應，卻也不會因此不悅，反而覺得這是必要的：多少個世紀以來，女性就認為由男性主導的文學所呈現的男性和女性形象與世界觀是合理的？現在，男性也該接受女性書寫的文學和他們的創作一樣「普世」了，雖然我想應該會需要很長的時間……因為現在許多男性小說中傳達的女性形象，已經不再是過於顯著的刻板印象了，而是以一種自然而然的態度肯定男性的權力和自由，以及他們的話語權，只有他們才能說出普遍的真理。這種最明顯男性主義的模式（我想到的是米榭・韋勒貝克〔Michel Houellebecq〕）並非最糟的，還有另一些更迷人卻不易察覺的模式，融在人們最根深蒂固、最抵抗改變的思想和感受當中，這些人也包括女性在內。因此，有些女性讀者會認為我寫的東西「不道德」或「缺乏情感」，這樣的批評絕對不會出現在對男性書寫的評論當中。

## 雙重褻瀆

您近來遭到某些記者（大部分是男性）的惡意詆毀，您怎麼看待這種「獵巫」的行為？您認為幾本新書中碰觸到禁忌的話題了嗎？有任何逾矩的行為嗎？

這是事實，起初，在《位置》出版時，這些聲音還算含蓄，但到《簡單的激情》出版後他們就不留餘地、光明正大地批評。批評的人大多來自巴黎，男性居多，且在媒體界擁有重要的職位與權力。他們抨擊我寫的東西，包括內容與文字，為我扣上對社會與性慾「雙重褻瀆」的罪名。社會層面的批判來自《位置》、《一個女人》、《恥辱》，以及《外界日記》等書都以生存條件與文化的不平等為素材，屏棄了能帶來舒適感，也較能為人接受的民粹主義……而對性慾書寫的微詞則是因為我在《簡單的激情》中自在地描述了一個成熟女性的激情——既有青少年的青春與浪漫，也有肉體上的慾望——沒有慣常的情感鋪陳和感傷，沒有一般人期待在女性書寫中看到的「羅曼史」。除此之外，我也打破了幾種類型的邊界：這本書算是自傳類的小說，但橫跨的時間非常短，敘述的手法平靜銳利。我被定位成「少女小說作家」，我的書則是「像《我們的故事》（Nous deux）一樣的心靈伴侶雜誌[39]」。這件事足以說明我被套上了雙重汙名，貶低了我的身份地位、把我的書歸入大眾文學的範疇，同時也在我的性別上貼了標籤。（有件事值得注意，這些話都是出自左派人士之口，足以看出他們骨子裡對階級的輕蔑。）我把社會與性慾擺在一起書寫，不顧某種知識與藝術上的道德，同時混入身體的語言和對寫作的思考，並且對超市、區間快鐵，還有圖書館和索邦抱持相同的興趣。我想對某一小群文學評論來說，這種做法過於暴力，不可輕易饒恕。

　　這些惡意中傷的評論有越來越濃厚的性別色彩，這是法國社會的常態。面對男性作家時，他們絕對不可能用和閱讀女性作家的書、我的書一樣的視角加以批判。媒體文章中經常有人只以我的名字「安妮」稱呼我，這種事在男性作家的身上不可能發生。

我們都很清楚媒體的評論往往只是為了譁眾取寵，沒有內涵可言，創新的作品也總是會引來猛烈的抨擊，即使如此，並不是每個人都能承受這般的疲勞轟炸。這是不是您「探索」之路上必須付出的代價？您會因此受傷嗎？或者反而成為您繼續前進、向下挖掘的動力？

我早就感受不到這種疲勞轟炸了，就算在讀到評論的當下也不會有感覺。我還記得十八年前，讀到《解放報》（Libération）上一句居高臨下、鄙視的評論時感受到的痛苦。這種事現在不可能重演了。其實，遭受某些文學媒體權威蔑視或羞辱是我意料中之事，也完全成為推動我繼續往目標前行的動力。這些媒體會在第一時間給對任何人都無害的書獻上奉承——也可能這個作者是同一個團體內的人，所以必須持續給出證據，證明自己的立場（投稿期刊雜誌、擔任評審等）——

㊴ 譯註：心靈伴侶（Presse du cœur）雜誌是二次世界大戰後興起的一種雜誌類型，主要講述甜蜜、幸福的愛情故事，會搭配一些相片、插圖。這一類型的雜誌中，最著名的就是《我們的故事》（Nous deux）。

如果我寫的東西沒有被來自各領域、不同文化的人接受或沒有產生任何回響，也許我會更玻璃心、顧影自憐，或孤僻高傲。如果我被擺在邊緣，或是不被理解，那對所有閱讀我的書的讀者、研究我文本的教授和把我當作研究對象的學生來說，都是一種羞辱。多少人對我說，或捎給我訊息，讓我知道我的某一本書在他們的生命中佔據了多麼重要的地位，我的書讓他們不再感到孤單……對此我無法多說什麼，這些回饋都是強烈且令人震憾的，而且也是很私人的。您知道，當某個人對我說「您為我寫出了這些事」或「這本書寫的就是我」這樣的話時，就是所有書寫能為我帶來的滿足中最好的回饋。

至於危險，是的，我一直想以危險的方式書寫，出版成書就是其中一環。不過我也必須承認，相較於其他危險的事，我冒的險已經是很輕微的了，甚至可以說是一種奢侈的冒險。

## 書寫生命，墨染人生

有些讀者會把您的個人生活和作品混為一談，儘管您現在的書裡似乎沒有任何虛構的成分（可能有一些轉化：人名的縮寫、地點的移轉），您是否和普魯斯特一樣，主張那「是另一個我寫的」？另一個身為作家，且存在於和日常生活不同的時間與空間裡的我。用這樣的方式避開評判，一如您在《嫉妒所未知的空白》裡提到的：「彷彿預料作品出版的那個時候，我將已死去……如同告別人世前的絕筆，再也沒有外人的評判。」（《嫉妒所未知的空白》，大塊文化，2022）

我試著，也許無法解釋，但試著把這種矛盾呈現出來。一方面，我需要像雷希斯的「公牛角」㊵那樣，感受到寫作時的危險。我先前暗示過這種危險出自想

㊵ 譯註：Corne de taureau，雷希斯以鬥牛時，鬥牛士和公牛角之間的危險關係來形容寫出真實內容的感受。

像的本質，但它卻確實地「引導」著我。我在書中使用「我」，並讓它明確地指稱我本人，摒棄任何虛構成分時，就會感受到它。寫出父親在我十二歲那年瘋狂的行為是艱鉅且「危險」的事——而且長久以來我都認為不可能做到——但我還是做了。這就意謂著書裡的「我」就是真正的「我」。同樣的，我在重讀私密日記（其中有一部分以《沉淪》為書名出版了）時，我知道那是身為女人的我在那些年裡的模樣，而且從許多方面來看，今日的我依然沒變。然而，另一方面，我也覺得書寫是一種變體（transsubstantiation），透過書寫把「我」所經歷的事轉化成超越我個人的存在，轉化成抽象的事物，能夠被他人深入體會、理解和「掌握」。我寫《嫉妒所未知的空白》時就是帶著這種心情：我感覺到、我知道，在我寫下那些文字時，寄託於其中的，不是我的嫉妒之心，而是嫉妒本身，換句話說，是抽象的概念，可以被他人感受、理解，甚至內化為個人經驗的主題。但是這種變體不是自己生成的，而是透過書寫本身和書寫的方式來完成。它不是我的鏡像，而是在個人之外探尋真相。也許這正是打破矛盾的方式，這個真相比我、我的問題和別人將會加諸我身上的想法還重要，而且它也值得我冒險追尋。也許只有走在危險的路上才能尋得我要的真相。

您之前對我說過，很難解釋當下的生活狀態對文本的建構產生什麼樣的影響（甚至可以說這兩者間如何互相影響，因為文本其實也會改變寫作者的日常）。您引用了瑞蒙・卡佛（Raymond Carver）說過的話（非常有用的話！），說他在訪談中提到「孩子們在小公寓裡嬉戲阻礙他寫作，他之所以選擇寫短篇小說，就是因為無法長時間集中精神寫長一點的文本」，而後您又補充：「請注意我還沒有對日常生活是如何影響寫作的事多作說明，這兩者的對撞在我人生的某些時期是那麼地激烈！」也許必須同時兼顧溫飽、藝術和日常正是當代藝術家的常態和無奈（也許也是一種機會）？哪些因素和物質條件讓您選擇用較短篇幅的文本進行探索？

我被卡佛打動的原因很多（我非常喜歡他的作品）。首先，他以簡潔的方式談論物質生活，並表明生活對他選擇寫短篇小說與寫作本身來說是多麼重要的因素。並非唯一的決定性因素，但至少他不隱藏。在法國，我們經常會小心避開這個話題。再者，他也坦白——這在男性作家裡非常罕見——必須照顧孩子。他們的喊叫和嬉鬧讓他無法專注。這番話讓我想起二十五至四十歲間的那個我，那段時間我很難長時間寫作，我的生活就像多數年輕女性一樣，從外表看來自由又幸福：外出工作（教職）、照顧孩子（兩個）、採買家庭用品與做飯。我們不知道自己何時才有兩、三個小時的空檔可以寫作，就算得到這樣的時間，也隨時都有可能被打斷，在這樣的情況下，我們很難完全沉浸到另一個世界之中。我們必須不斷地奮戰，特別是和自己拉扯，才能堅持下去。更甚者，除了家庭和職場的壓力之外，也要面對書寫本身的難題。這樣的我，無法確定問題是出在瑣碎的事務令我分心、時間不足，或是缺乏書寫的力氣與能力。有時候我會想，停筆會不會讓我變快樂，是不是這樣就不會破壞我的丈夫、我的孩子、所有人的生活。我不問是不是他們擾亂了我的生活……那段時間我曾兩次離家，把自己完全隔離起來，專心寫作。雖然我這麼做，但內心是充滿愧疚的，我在準備教師資格考時孩子還小，當時也有過同樣的內疚，只是程度較低而已。總之，我無法擺脫世俗對女性應該把什麼事擺在第一順位的看法，因此從事與家庭無關的事情時會認為是不正當的行為（取得教師資格事實上會影響家庭經濟情況）。

離婚之後，我和兩個逐漸獨立的兒子一起生活。我在七〇年代末進入遠距教學中心，除了兒子，就只有這份工作要煩惱。備課和改作業都需要很多時間，但我可以自由安排工作時間，甚至可以選擇工作日，真是奢侈……

這些限制都影響了我書寫的時間和出版的節奏，這一點無庸置疑。而自《位置》一書起——這本書寫作的時間正好是我婚姻生活結束的時候，所以時間比較充裕——我寫的東西變得簡短，這和我對書寫的想法改變有關，我先前已經說過了。我的書寫速度因為簡短的文字變得更慢。然而，就某種程度而言，這種變，這種書寫的方式和簡短的文字都是物質條件的產物，是我重拾真正的自由後才有的東西。

擁有一份穩定收入，卻會分散實際寫作與沉迷其中的時間，我無法確定這樣的選擇是一個機會還是一種詛咒。我有這些選項：靠寫書維生（一開始很少見）、靠政府補助（津貼或獎助金）、靠丈夫、情人或妻子為兩人賺錢，或者自己另謀一職。我認為相較於一心投入文學界，最後這個方案似乎最能創造獨立自主書寫的機會。但我想問題也不僅於此。還要思考自己和寫作之間、錢和寫作之間的關係，以及我們期待寫作與讀者帶來什麼樣的回報。我很快就意識到自己只能在完全自由的情況下從事書寫，在沒有人期待我在某個時間，寫出某個特定類型的文本時。因此，我始終沒有放棄教職，承擔著教學的責任，藉此獲得物質生活上的保障。如此，我才能自在地寫，與書寫的不確定性共存，享受探索的樂趣。

我也必須坦承沒有什麼比感覺自己一無是處、成天無所事事更讓我沮喪。因此這樣的職業對我來說是好的，我能保持忙碌，在傳授知識給年輕學子之際，又能逃避半天都迷失在三行字或什麼都沒有生產的失落，得到直接且即刻的入世感，脫離因為沒有做任何事而覺得自己沒有意義的狀態。而且，能被迫放下正在寫的東西，和文本拉開距離總是有益的。

「寫自己的愛情故事，活在自己的書本裡。」您在《沉淪》一書中這麼說。對於寫自己的生活和活在自己的文字裡的人來說，這種永恒的落差與矛盾，是否仍屬於「不欺瞞」的寫作（根據海倫娜・西蘇〔Hèlène Cixous〕的說法），寫作者的「真實」生活和透過書寫而體驗的生活之間的界線是否因此變得模糊？

我感受到的，您也感受到的這個落差、這種矛盾的關係——這兩個說法非常精確——我不敢確定其他筆耕的人是不是也有共鳴。即使是我，書寫在我日常生活中也有許多時刻並不存在，就連思考、渴望或感受也沒有。有些時候，我會關注其他的活動和焦點，從對話——我不喜歡所謂的文學對談——到尋找可以種植的玫瑰花或手提包，當然還有備課、改考卷等我一直做到近幾年才停止的活動。然而，整體來說，我認為書寫賦予生命它的樣貌。我偶爾會感覺自己同時活在兩個平行世界，一個是日常生活，另一個是書寫的世界。您提到的那句話「寫自己的愛情故事，活在自己的書本裡。」便是再一次強調這種交織互動，它持續地、無意識地在我的生活和書裡進行，有愛情、性慾、書寫，也有死亡。當然也有面對各種挑戰的掙扎。

您在《沉淪》裡也寫到，一九九〇年時有「寫作的計畫要擬」，讓您「感到厭煩」[41]我也曾有同樣的反感，這對一個把大多數時間奉獻給這項活動的人來說是很痛苦的一件事。克服了這種感受後，是否能達到另一個層次呢？

您知道嗎，一九八九年至一九九〇年間我會覺得寫作令我反感的原因是，我當時完全沉迷於一個男人，生活的力道變得劇烈而不尋常，不需要額外付出任何努力或做任何事。需要與生活保持一定距離的寫作活動在當時的我看來，就像一片沙漠，是強迫分離的痛苦。激情[42]是完全享受生命、活在當下，它代表即時的享樂，是一種狀態。寫作則不是，它是一種活動。兩者都能讓我失去自己，也許這也是我在尋求的感受，但它們帶來的結果完全不同。

母親去世時，我也對寫作產生反感。可是寫東西卻成為一種救贖，讓她以故事的形式活下去，就某種程度來看，救了她的同時也救了我自己。

我不是厭惡寫作，或真的反感，甚至不是感到挫折，只是充滿懷疑，而且缺乏繼續下去的渴望，以及沒有能力再寫。我不確定這種我稱之為起始精神官能症的情況——因為我經常在起步的階段卡關——是否有任何價值或必要性……只是一種徵兆。如果尋求未果，就應該換個方向。我前面提過的工地在這時還是百廢待興的狀態，但我知道這種未完成的狀態只是暫時的，它是未來某個工程的藍圖。

㊶ 譯註：這裡引用台灣已有的譯文方便讀者參照，但其中「寫作的計畫」（la perspective d'écrire）一詞如果抽出上、下文來看，指的是「提筆寫作」這件事令她反感。

㊷ 譯註：這裡的原文是 passion，但講的是對愛情的熱情，所以我譯成「激情」。

# 為了拯救而寫

您在我們的訪談之始提到過，從《冰凍的女人》開始，也就是二十年前，您就不再給文學下定義了，至今仍然無法定義。一九八六年出版的日記《我未曾走出黑夜》中，您也曾提到：「我寫的不是文學。我看得出我寫的書和文學之間的差異，或者，應該說除了這種拯救、理解的慾望以外，我寫不出別的東西，其中又以拯救更重要。」也說過「文學無能為力」，我們在《沉淪》這本書裡還可以找到許多類似這個觀點的句子，例如「此時此刻，文學創作確實非我能力所及……糟透了」㊸您如何協調自己寫的「非文學」和屬於文學的部分？如果您的創作不屬於文學，那我們該如何定義它？

年輕時，我覺得定義文學、美等概念非常重要，因為我認為必須先確知它的意涵才能書寫。後來我就不再追問這個問題了，置身於它之外。「文學真的存在嗎？」馬拉美（Mallarmé）提出這樣的疑問。他的回答大致是肯定的，原因在於他從中獲得了快樂。我也急切地對此提出看法，我在文學之中感受到了痛苦，也付出了大量的時間，讀者也一樣，在閱讀的過程中體驗了快樂與痛苦。文學確實存在，但沒有可被明確定義的本質。文學這個詞通常用來指稱沒有實際目的的文本（和心理學或園藝書籍不同），以康德（Kant）的話來說，就是「沒有目的的目的」（finalité sans fin）。「文學」是一種分類原則，也是一種價值觀。例如報紙「文學副刊」會把文本分成文學與非文學，也會有評論指出哪一本小說「不屬於文學」。根據分類原則，小說應屬於文學的範疇，但就其價值而言，它又被排除在外。我們運用，甚至濫用這種價值判斷的方式，以武斷的口氣定論，藉此行使權力，把我們喜愛的或憎惡的東西神聖化或全盤否定它。奇特的是，幾乎從未有人明確定義「文學」，彷彿它是不言而喻的道理，理所當然的、普世的、永恆

㊸ 譯註：這段話引用大塊文化的中文譯本，然而從這段說明來看，這句話我認為可以解讀為「我的創作沒有辦法達到文學的高度，甚至連回憶都不如。」

的。然而，多少文本今日擁有的文學地位和價值是最初沒有的。盧梭的《懺悔錄》就是一例，這本書問世時被評為「僕從風格」。別忘了十九世紀時的「文學」指的是詩歌，小說並不入流。要到某個時期，在我們始終不明究理的情況下，某一本書突然就符合美學標準了，某一個文類突然就被納入了文學的範疇……

在我的標準裡，有許多富有文學價值的書籍不被列入文學領域，例如傅柯、布爾迪厄。對我來說，文學作品在於它能帶來令人震撼、創新和開闊的感受。

我說「我寫的不是文學」、「文學無能為力」或感到「無法達到文學的高度」，這些話意謂著我承認某種「東西」，也就是文學，的存在。這也是我對自己在文學之中的定位的探問，以及如何把我寫的東西和某些書給我的文學形象，或者那些對我來說只是人造品、沒有血肉的書作出區別。我其實是在表達我個人對文學的想法，也就是希望每個句子都承載著真實，每個字都不只有語法意義，要能帶來感受和影像。在寫下／閱讀的同時，一字一句都能帶出「牢固」的現實，就像我們用來形容一棟建築時的說法，一點也不「輕盈」。

您提到「這種拯救、理解的慾望，首先是拯救」時，我直覺想到「拯救」（sauver）這個動詞的不及物用法，拯救難道不包括「拯救自己」（se sauver）嗎？

去拯救在特定的社會和時間內，我曾參與、身處或見證的事物，避免它們被遺忘，我想，這就是我書寫最大的動機。這是我拯救自己的方式。然而，這種拯救不可能在沒有壓力，沒有我前面提及的努力或迷失在書寫之中的感覺下完成，那是一種融入，也是極致的距離感。這也是只靠書寫私密日記無法拯救我自己的原因，因為它們只能救下屬於我的時刻。

## 貼近事物

您習慣在書末標示完成日期或書寫的期間，這些日期對您來說有什麼象徵或實際的意義嗎？是否跟我們先前談過的日記內標誌的確切時間和文本裡寫下的時間有關？在一九八三年六月至一九八六年四月之間，也就是介於《位置》和《一個女人》之間的這段時間內發生了什麼事？在這段時間內，您還是持續書寫嗎？還是中斷了、暫時停筆了？

我記得，我對記錄日期的需求比書寫來得早。小時候，我在花園裡埋了一個盒子，裡面寫了我的名字、年齡和當天的日期，希望在遙遠的未來有人會發現它。就像那些在牆上、欄杆上留下名字縮寫和日期的過客一樣，我四處留下日期。沒有什麼比發現我和在聖路易島上銘刻文字的何斯堤夫・布何東（Restif de la Bretonne）有相同興趣更令人興奮的事了……一直以來，我都會在新書的扉頁上寫下購買日期，我無法克制自己，必須標誌逝去的時光，把它固定下來，用各種方式把我放進歷史之中……

不過，一本書的起始與結束日期對我來說還有一個意義，就是記下寫那本書的時間，不包括準備和放棄，只記下正式動筆至完稿的日期。對我來說，這段時間的意義非凡，是一段難能可貴的時光，是另一個生活。如果只有結束的日期，就表示這本書可能是斷斷續續完成的，也許是我多次重新動筆……

我剛重讀《嫉妒所未知的空白》，這本書的內容在二〇〇一年八月時曾在《世界報》（Le Monde）上刊載，修訂後才又成書出版，因此書末寫了兩段時間。您曾將寫作過程中不同版本的內容分開出版嗎？

我從不發表未完成的文本，也不會只閱讀片段。《嫉妒所未知的空白》不是沒寫完的文本，而是已經粗略寫好的，為了在《世界報》上發表，我調整了它的長度。我絕不會再做這樣的事了，不能自由書寫令我感到沮喪，而且因為文章長度過長，他們甚至把我「留白」的部分拿掉，硬生生抽掉了喘息的空間……因此我才會把原本的版本再拿出來出版成書。這也是書末有兩個日期的原因，分別是第一次和第二次完稿，中間相差三個月。這也是讓人感受時間流逝的方法，標示出只要我們願意，一本書永遠不會真正結束。

¶

使用過去完成式（有時用現在式敘事）是為了重塑出對特定事件的感受，還是因為這樣更易讀？

我在書寫時會優先考量自己能不能讀懂……然而，易不易讀其實也不是由時態決定。我們暫不深入探討這個主題，否則會花掉太多時間。還有一些因素會影響文本的易讀性，例如句法（簡易或複雜）、詞彙、句子的抽象程度、讀者對書裡的世界熟悉度和標點符號等。過去簡單式是最常見的敘事時態，系列小說或歷史書籍等書中都很常見，儘管我們在日常對話中很少使用，但讀者閱讀時並不會因此感到困擾。不，我使用過去完成式是因為完全無法用過去簡單式來表達事情。它讓我有距離感——最讓我有距離感的是虛擬式未完成過去時（l'imparfait du subjonctif）㊹，所以我才刻意不遵守時態的一致性——羅蘭·巴特也認為簡單過去式表現出「我就是文學」的口氣，我同意他的看法。簡單過去式讓我想起學生時期的作文作業，這種技巧能讓我把平凡的動作變得高尚，例如「je cueillisune fleur et la humai... nous bûmes un succulent chocolat...」㊺這種句子一點也不真切，

㊹ 譯註：法文的這種時態用於說明過去完成的動作，如果一個句子裡有兩個動作，其中一個使用的是過去簡單時，那麼他的從句就可以使用虛擬式未完成過去時。這種用法還有情境和語氣上的限制，聽起來很像刻意展現文法能力，抬高身份地位，一般人說話很少會使用。

㊺ 譯註：「我捻下一朵花，輕嗅它的芬芳……我啜了一口醇香的熱巧克力……」其中「捻下」、「輕嗅」、「啜」等動詞因為是敘述過去發生的事，一般法文小說中會用簡單過去式。中文以時間詞或了、著、過、在等標記來表現時態，只能在詞語的選擇上作文章，呈現出「文學」感。

只是為了取得高分而寫。而過去完成式則能呈現事情並未結束之感，一直延續到了現在，它能帶來時間和空間上的親近感，也能讓書寫和生活變得更靠近。

這些常見的或家常的用語（例如《嫉妒所未知的空白》中的「c'est trop destroy」〔這一切多麼令人心痛〕，或是《位置》和《一個女人》中「地方色彩濃厚的用語」），是社會學的考量，標出一個地點或時代，還是特定事件中的普遍性，或者也是為了更容易閱讀？

不，我沒有這些意圖。事實上，我很少使用家鄉諾曼地的詞語，反而大量使用一般法國人的通俗口語，賦予它們完整的社會意義，例如在《位置》這本書中所有的「位置」（place）。這些詞都敘述、描繪了一種存在方式，是那些事物真正存在的證據。那個年僅十二歲的女孩在《恥辱》中說「你給我帶來了厄運」，她當時就以那個方式存在。而「c'est trop destroy」則是當下很真切的想法，出於我自己，我用這個二〇〇〇年代流行的詞表達過度的痛苦。這些詞，特別是對話中的用詞，都承載了很沉重的意義。它們能「捕捉」到一個場景的色彩、痛苦、奇異或社會暴力。《記憶無非徹底看透的一切》中，進行刮宮手術的年輕醫生說「我可不是你的水電工！」（大塊文化，2022）這些口語用法融入到傳統的敘事當中，形成另一種少見的風格（《嫉妒所未知的空白》中有語言學的用語「寒暄功能」〔phatique〕，也有社會學的用語「理想型」〔idealtype〕），兩者結合可以把理性與感性、思想與身軀融合在一起。我把所有的語言融在一起，我相信這麼做可以展現出句子的內涵，而不是停留在華麗的表面。我遇到的那些人，那些我記得的人越來越能以他們說出的話、做出的動作活在字句當中。

## 我看到的不是字詞，而是事物本身

您寫作時習慣以刪減法來處理文字，還是逐步增補或插入內容？您的書稿是從一個寫作計畫出發，還是從一個小核心（亨利・詹姆斯〔Henry James〕稱之為虛構小說的「金塊」〔nuggets〕）發展而成，又或者是從一個龐大的、未經雕琢的文本中精萃出來的？

我的書是怎麼寫出來的……我想每個人的書寫方式都不盡相同，但我認為，與其說是書寫的方式，區分出我和他人的應該是書寫的當下，我個人的生活和周圍世界的狀態。每當我想起《位置》、《簡單的激情》和《恥辱》、《記憶無非徹底看透的一切》這些書時，那些擁有不同情感色彩，以旅行、邂逅等事件點綴的獨特時光就會浮現。因為寫作不只是寫字而已！寫作需要時間、日常和他人的介入。不過，的確也有一些不變的因素。首先是我參與、沉浸其中的慾望，這種慾望既具體——例如「我是如何成為女人的」、對某件事的熱情（激情）、父親的一生、墮胎等——又模糊（沒有寫作計畫，也沒有方法）。通常我會一時興起寫下幾頁，然後又停筆，不知道該如何繼續，也不知道我可以「拿這些東西」怎麼辦。我會轉向其他文本，有時又會遭遇同樣的困境。有時不會，例如《冰凍的女人》取代了《位置》的位置……比較早動筆的《位置》反而中斷了。而後，我會重拾線頭，繼續寫下去，直到完結。我所有的書都是這樣寫出來的——《冰凍的女人》除外，這本書沒有在開頭時被我拋棄——我無法解釋箇中原因。我沒有把寫作當成維生的職業，不需要維持產量，這一點很重要，我因此得以花時間與我的渴望相處。

還有另一種執行的方式，而且我越來越常這麼做，就是只在「工地」上持續施工，不預設能否成書。執行這個詞其實並不合適，畢竟個人意願和協商起不了太大的作用，更多的是無意識或迂迴曲折的策略。這麼做才能保持最大的自由，包括內容、形式和創造力的自由。《外部日記》、《簡單的激情》、《恥辱》、《嫉妒所未知的空白》都是在這種沒有預設成果的「自由書寫」下完成的，是誠實而清醒的。寫著寫著，在某個時刻，某個我永遠無法確知的時刻，我便知道我能寫完它了。不過我沒有多花時間考慮文本結構的問題，因此省去了很多疑惑和困擾，它似乎是自己形成的。至於句子的構成，更精確來說是字詞的選擇，則是隨興而至的，交給感覺處理：「就是這個」或「不是這個」。我想，我在書寫時看到的，不是字詞，而是事物本身。這些事物可能是一閃即逝且抽象的情感，或者相反地，是具體的場景或記憶中的影像。字詞則會自己湧現，有時又必須在極度高壓中萃取而出，不是透過努力，而是在高壓之下萃出能精準表達心思的字詞。至於句子的節奏，我不刻意為之，因為它就在我心裡，我只是把聽見的句子謄寫下來而已。

我的草稿上——我通常用細筆寫在一張張紙上——都是塗改、增添、過量的資訊、挪動的句子和段落（不過還是因文本而異）。

# 渴望與必須

您提到書寫的方式和過程，如何構思並完成一個文本，例如您在一次研討會最後提到「平白書寫」（écritures blanches），這個概念在您最近的書裡也提到了，一邊說故事，一邊用沒那麼技術性的方法說明。自從重寫（réécriture）成為研究對象後，我們都看見了它的重要性，也就是探討「文本生成」（génétique textuelle）的過程，所以我希望我們能更深入地討論一下這個主題。首先是一個比較概括的問題：對您來說，從最初的想法到完成一個文本的過程是什麼？這個過程大致上包含哪些步驟？

我不確定「想法」這個詞合不合適，至少我大多數的文本都不適用。我覺得更像是一種感覺、一種渴望慢慢成形，但在那之前它可能已沉潛許久。這個開端很模糊，難以一言蔽之。我遇到最糟——卻很常見——的提問，是出於好奇心、實際的興趣或單純出於禮貌而問：「您最近在寫什麼？」這個問題我無法回答，因為我不是在「寫什麼」，而是在過另一個平行生活，在那段生活裡，文本自己寫著故事。同樣的，站在書寫的起點上，我面對的並不是一個主題，而是一團星雲。《位置》一書中，我在一開始就提到，父親去世後，我心想「一定要把這些事說清楚」。這就是當時我對書寫渴望的模樣：我需要把一些壓抑在心裡的事攤開來，包括父親的一生和我逐步走向知識布爾喬亞的過程。像是一條道路、一個方向，除此之外無他。我覺得大多時候都是如此，這種渴望會逐漸清晰，有時我甚至必須奮力抵抗。更甚者，我似乎總是要從壓抑這份渴望開始，因此才有寫了幾頁就停筆，把書懸在那裡的情況。

我有好幾個文本都是經歷了艱辛的抵抗後才完成的。例如《一個女人》，我很早就開始構思了，卻一直要到母親去世後我才真的有辦法寫完它。還有《簡單的激情》，一開始只是一些沒有明確目的的碎片而已。更近期的有《記憶無非徹底看透的一切》，我在這本書中寫出了這種抵抗的每一個步驟，以及如何打破禁忌。《恥辱》開篇便踩到了一種禁忌：我講述了我父母在我十二歲那年的一個星期天發生的暴力事件。在動手寫《冰凍的女人》之前，我也猶豫許久，我隱約感覺到，我賭上了自己的人生，書寫完後，我也將和丈夫分手。事情的確也這麼發展了。我的寫作過程通常是這樣的：我在某個時候會強迫自己寫幾頁，沒有特定目的地寫，也不是為了作為某個文本的開頭。而後，在看不清自己的方向時，我就停筆，把這個碎片放下，置之不理。再過一段時間後，我的計畫變得越來越明確，這塊碎片在某種程度上就會扮演決定性的角色，與計畫產生緊密的關係。這麼說有點抽象，我必須個別描述每一本書的狀況，因為每本書的成書過程都不一樣，我在這些過程中渴望的東西也不一樣。拿《位置》來說，這本書一開始就描述了我考中等學校教師資格的過程和父親之死。這一段我是在一九七六年復活節假期時，在拉克呂薩（La Clusaz）寫下的。但我沒有繼續寫下去。那年夏天，我接著寫前一年冬季已開了頭卻還只是零碎文字的《他們所說的或虛無》……一九七七年一月，我又把一九七六年寫的關於父親的東西拿出來續寫。一篇長篇小說，我在四月時寫了一百多頁便止住了，當時覺得內容虛假。一九八二年，我又重拾這篇文章時，只保留了最早在拉克呂薩寫的幾頁……然而，在這六年間，我對書寫與社會之間的關係，以及來自被支配的世界的我作為敘事者的立場等議題有很多深入的思考。最後，這個計畫的規模縮小了，專注在父親身上的篇幅要比我一開始預計要寫的東西，也就是我個人的「背叛」來得多，而且一共只有一百一十三頁。這種狀況幾乎是常態，我原本預設的篇幅最後總會不斷縮減。《恥辱》也是這樣寫成的，一九九〇年寫了幾頁，直到一九九五年才接續下去：整個文本的前景在我看到先前未寫完的碎片中留下的最後一句話「那一年，我陷入恥辱之中」後突然在我眼前展開。

不過到目前為止，我只談了內容如何推進、最初的幾頁文字如何塑造出文本的模樣，以及我探索現實的渴望，未談及形式的問題，也就是所有和結構、文本限制與多種策略有關的細節。我認為這幾個要素也能解釋一開始的幾頁和後面的內容之間為何總有一段延遲的時間。因為當我真正開始進入那個故事時，「形式」的問題就變得切實且具體了。福婁拜說過類似這樣的話──我不敢肯定確切的內容──大概是「每部作品都有自己的詩意，應悉心揣摩。」這是我必須尋找的，有時也需要花掉很長的時間。我將它視為一種調節，在我的渴望、寫作計畫和虛構小說可能使用的技巧之間（這裡指的當然是建構與撰寫，而不是想像）。有些書需要很多時間調節（《位置》、《恥辱》），有些較少（《記憶無非徹底看透的一切》），有些甚至不需要，彷彿沒有其他可能，我的渴望一下就找到了合適的形式（《簡單的激情》、《嫉妒所未知的空白》）。

如我先前所說，我這二十年來持續寫著寫作日記，實際上比較像是「寫作空檔的日記」，我會在動筆前，或是開始寫一本新書前把所有的疑問和猶豫寫下來，一旦我真正進入文本後，我就不會在日記上寫任何東西了。

在我確信無論發生什麼事，我都會完成一個計畫後，接下來的事我都無法闡明。不過我保留的那些手稿也許會有所幫助，例如《位置》（僅保留部分）、《一個女人》等，上面滿是修改和備註的痕跡……我想文本生成研究也許是目前最適合談論文本寫作過程的一種方法。然而這種方式也許無法估測，甚至無法感知的，是寫作當下的生活對文本的影響。例如在我寫《簡單的激情》時，發生了一些事干擾了內容，我把這些事寫在私密日記裡，後來這些內容收在最後沒有出版的《沉淪》續集當中。我經常對攻讀中等學校教師資格課程的學生提到布赫東的一句話：「要先去愛，以後會有時間了解為什麼愛。」（Aimer d'abord, il sera bien temps, ensuite, de savoir pourquoi on aime.）這些學生太常一頭鑽進文本的「技術」之中，彷彿它們沒有「傳達」任何其他東西。但我認為一個中學教師的首要任務應該是先讓學生喜歡那些可以陪伴他們一生的書。雖說如此，這個世紀以來，特別是近五十年來，我們持續地在拆解文本、了解它的生成，這樣的嘗試似乎也是必要的。唯有如此，才能真正理解做為一個整體的文本動用了哪些——終究是零碎、私密或集體的——元素，也才能明白「為什麼喜愛」。

您注意到了我沒有問那個讓您為難的問題：「您在寫什麼？」我也認為在完成之前，亦或有一定的進度以前，我們很難定義一個正在尋找自我的文本。也許前文本（avant-textes）是唯一可以找到蛛絲馬跡的地方，畢竟寫作計畫會不斷變化，而書寫本身就是把在動筆之時仍晦澀不明的想法變得清晰的過程。同樣的，如我們所見，除了日記以外，您的文本的「類型」很難以傳統的標準定義。

## 獨立自主的有機體

從寫作的實際操作層面來看，您會刪減、添加、補充段落和句子。如果您是用同樣的方式處理所有的文本，而且這麼做對所有的文本來說都是必要的，可否請您大致說明一下這些補充和刪減是怎麼進行的？您會刪掉哪些東西？增添哪些東西？怎麼做？您的做法似乎和「紙捲」（paperolles）㊻完全相反……

我的手稿就像——而且越來越像——一面拼布：每一頁裡的每個段落都添加了文字，字的上方、每行之間和邊緣空白處都用了不同顏色的筆標示，有時也用鉛筆。這些段落的位置並不固定，所以需要在上面標註頁數。比如第十張上可能

㊻ 譯註：paperolles 這個詞通常用來指普魯斯特寫作的習慣，指的是黏貼了紙條的手稿，這些紙條上會寫滿補充內容或註釋。

加上十之一、十之二，甚至是十之四（未曾超過四）。近來，我也開始使用便條紙了，可是我對它們可以保存的時間持懷疑的態度，因為我想留下所有的東西：有些今天不喜歡的東西可能明天又會覺得順眼了。

當我全神貫注在執行一個寫作計畫時，就是這樣的：一方面緩慢地往前，一方面又不停增補，重新加入那些我在書寫時或生活中任何一個時刻想到的事。很少刪減。不過在最後一個階段，也就是把內容輸入電腦的時候，我就會大量刪修（我是七年前開始使用電腦的，在那之前是用打字機，必然限制了我修正和後悔的次數）。我經常在把內容印出來後，回頭去看手稿，發現自己刪了很多，可是卻不知道為什麼，無法解釋。我想文本生成學也無法解釋這一點，因為在對文本進行最後修改時，我遵循了某種來自文本的要求，把書當作一個完整的個體來看，就像一個獨立自主的有機體，裡面有我，卻又超越了我。這種要求在書籍完成並出版後就會消失，正因如此，我才無法理解某些部分刪減的原因。

您的後小說（post-romanesques）經常談到關於寫作、記憶的過程和書寫歷程，幾乎是像病歷一樣的紀錄。這些文字是在您完成內文後才回頭補上的嗎？還是跟那些您有時保留了許久後才又重新取出完成並出版的內容同時寫的？

自《位置》開始，出現在書裡的這些註記是在我書寫時浮現的想法，不是後來才有的，而且它們跟文本的關係密切，只限於這個文本，不適用於其他。例如《記憶無非徹底看透的一切》是關於墮胎和墮胎的敘事，談及記憶和「證據」的問題。在我人生中其他的時刻，我都不可能思考這些問題，我的意思是在其他不是正在寫這本書的時刻。這也與真相和「證據」相關：這就是我正在經歷的、正在體驗的事。大致就是「實況」，我當下感受到的事。我在《恥辱》的開頭分析了第一次寫下十二歲那年看到的那個令我難以接受的場景後的感受。這也是把寫作視為一種探索的實踐，即使讀者不一定會有興趣。盧梭在《懺悔錄》裡描述了那間波西書房的細節，包括一個氣壓計、一張版畫、一份月曆和一隻停在他手上的蒼蠅。他說：「我知道讀者不一定需要知道這些事，可是我需要，需要把它說出來。」我也一樣，我需要把書寫時發生的事寫下來，就算讀者不一定需要也必須這麼做。

# 存在的方式

您去年寫信給我的時候提到，您在日記裡找到了一句一九六三年（《記憶無非徹底看透的一切》裡提過這一年）寫的話：「我的『信念』越來越薄弱，可是我不能沒有它。可能只是一種信仰。」而後，您又補充：「三十八年後，我不再懷疑自己做的事的信念了，因為沒有了它，我就沒辦法活下去。即使它僅是一種信仰（多麼宗教的說法啊！），我也不能背離……」您用宗教的詞彙談論書寫，讓我心生疑問：您在《恥辱》、《嫉妒所未知的空白》（提及告解之處）中特別提到您童年時期的信念，您是否把當時的信念轉移到文字裡了？您現在對信念之類的事有什麼想法？

知道自己不寫東西就活不下去的想法，廣義來說其實就是一種信仰，一種把自己推向某個行動或愛戀等等的想像。那是內心的渴望有了形體而去實現。我在二十二歲時寫下「可能只是一種信仰」——指的是不寫東西就活不下去的想法——當時的我失去了「信念」，三個月前，出版社才婉拒了我的第一本小說，但我很努力尋找其他幸福之路，或是，一如當時已經很流行的說法，尋找其他「自我實現」的可能。如今，書寫已經成為一種存在的方式，一種實踐信仰的可能。

不過還是要回到問題的核心，談談我童年的信念是否轉移到了文字之中。看到「童年的信念」這個說法時，我像觸了電似的，就好像這個詞不適用於一直延續到七〇年代的天主教教育系統，不符合它的立論、規範、儀式、實踐和歷史，特別是對一個有著如此虔誠的母親，而且在教會寄宿學校中成長的人而言。真正重要的，不是被灌輸上帝的存在、不朽的靈魂等絕對真理，而是像犧牲、救贖、完美等在對話中反覆出現的詞彙——一整套建構世界觀、傳說以及隱晦的禁令和禁忌（特別是和性慾相關的）的語彙。對一個人來說，告解的行為對生活的影響遠大於三位一體或聖母無原罪始胎的教義！我在孩提時代是相信上帝、相信聖母的，但最重要的是，不相信是不被允許的。我記得十二、十三歲左右時，我用不屑的口氣對小表妹和另一個小女孩說我不相信天堂、地獄和上帝。她們一臉驚嚇，威脅我要去「跟你媽說」。最後她們沒這麼做，但我還記得當時害怕的心情。

似乎是在十六歲左右，在重讀《嘔吐》、研究巴斯卡㊼和一次嚴重的腸胃炎期間——在二月份學校冰冷的廁所裡——我發現了天空上沒有東西，這一切讓我感到疑惑。儘管上帝是否存在的問題後來在現實世界與知識體系中變得沒有意義而自行消失，但它的價值觀、語言和基本概念直到我進入青少年時期前都影響著我的思想。放棄一個想法要比放棄對某件事的想像或感受容易得多。這十多年來，我的確意識到自己把那些來自我的宗教信仰的價值或道德觀轉入我的書寫與書寫的意義中。例如，把書寫看作是一種絕對的自我奉獻，宛如獻祭一般，同時也承載著真相與一切純粹之物（我在《沉淪》裡應該是用了這個字）。或者不寫東西時會覺得是一種罪過，最不可取的罪過，「死罪」（péché mortel）㊽（多麼重的用語啊！）。然而，宗教中所有「超脫」的和超自然的真理對我來說都存在於此，

㊼ 譯註：指的是法國哲學家、數學家布萊思·巴斯卡（Blaise Pascal, 1623-1662）。

㊽ 譯註：這個詞是宗教用語，英文為 Mortal sin，又譯成「大罪」。

僅限於此，沒有天啟真理或創造的真理。在宗教的世界裡，另一個生命在存在之外，在未來，可是我的另一個生命在過去，是我已經歷過的——就某種意義來看，我們因此才能在愛裡回顧。我在虛無之中，以唯物主義的方式活著、思考和感受，這正是驅使我在歷史上留下一點痕跡的原因。不願白來世間一遭。

書寫對您來說，是否跟普魯斯特一樣，是「唯一真正經歷的生活」？

普魯斯特是這麼說的：「真正的生活，最終得以揭露而見天日的生活，從而是唯一真正經歷的生活，就是文學。」（《追憶似水年華7—重現的時光》，聯經，2015）我要特別強調「得以揭露而見天日的生活」，因為它對我來說至關重要。若要我給書寫一個定義，就該是如此：透過書寫探索那些無法用其他方式，例如言語、旅行、表演，發現的事物。甚至是反思都無法做到的。要去探索一個在下筆前不存在的東西。這就是書寫的樂趣——也是驚恐——所在，因為我們無法知道它會帶來什麼、發生什麼。

¶

禮物／餽贈的意象反覆出現在您的書裡，似乎暗示著有一筆債要償還、要補償。若真如此，您現在是否覺得在書寫了《位置》、《一個女人》、《恥辱》等書，以及承擔並超越最初的「罪惡感」後，已經還清了您虧欠所屬的世界（用您的說法來說）的債了？近十幾年來，您的書似乎脫離了原本重建一個時代的歷史與社會學的主題，把焦點移到了個人身上，例如《記憶無非徹底看透的一切》、《簡單的激情》、《沉淪》、《嫉妒所未知的空白》……

書寫從來不能看作是逐漸解決問題的過程，不能像逐一劃掉待辦清單或購物清單上的東西一樣。也不能看作是克服問題的辦法。相反的，我覺得它涉及的是無法克服的社會、家庭和性的問題。對我來說，債務、罪惡感永遠不可能清償。特別是我認為我書寫的目的和衝動，甚至是矛盾，都是一致的，都是為了揭露現實，自始至終都是如此。

不過，您和某些讀者一樣，看到了《位置》、《一個女人》、《記憶無非徹底看透的一切》和《嫉妒所未知的空白》等書的差異，大致可以概括為社會與私密兩類。差別其實不在於此。《位置》與《一個女人》的敘事焦點是我父母在社會中的形象。比較晚近的書如《外部日記》和《外界生活》沒有任何私密的成分——標題已說明了——「我」很少在這兩本書中出現。然而《簡單的激情》、《記憶無非徹底看透的一切》和《嫉妒所未知的空白》這三本書中的「我」不僅和《位置》中一樣是敘事者而已，也是敘述與分析的對象。至於《恥辱》，它是個綜合體，結合了「我」和泛指的「我們」。無論是哪一本，都經過了客觀化的程序，刻意拉開了距離，打從第一本書《空衣櫥》開始，我就沒有區分私密和社會兩個面向。

我想進一步談談關於「私密」（intime）的問題，過去十多年來，這個概念受到大眾關注，也在文學領域延伸出一個新的類別：私密書寫。它成為電視節目與雜誌中社論的主題，多少與性慾混為一談（長久以來都有私密清潔這樣的說法）。可以想像這個概念的出現與人們對自我與世界的感知改變有關，就是它標誌了這種改變。無論如何，目前看來，私密是一種思考的方法，我們透過它來觀察、探索和分類文本。這種思考和分類的模式對我而言很陌生。在我看來，私密一詞始終無法和社會脫離關係。難以想像一個不受他人、法律、歷史干涉的，純粹的自我。我寫的都是實質的東西，《記憶無非徹底看透的一切》中導管穿過的性器官、羊水和血，所有我們列入私密範圍的事物都曝露在外，與當時的法律、言論和公眾領域相互關聯。

在讀者（無論性別）㊾把自己的經歷代入文本當中後，私密之說還有可能存在嗎？

我大膽地提出一個想法：也許一個文本越私密、越個人，它就會變得越普世。其實《位置》、《一個女人》的內容也都是很私密的，因為它們都涉及個人——同時也是普世——的經驗。

㊾ 譯註：這裡的原文作者特別寫了陽性和陰性的讀者。

¶

「當我進行某些計畫遭遇阻礙時，必須勇往直前，因為尋找解決之道的歷程，才是真正的創新。」您在《沉淪》裡引用了這句來自畫家菲洛諾夫（Pavel Filonov）的話㊿，這句話是我遭遇困難或棘手的事時的精神糧食，一如羅傑．拉波特（Roger Laporte）所言：「永遠往同一個方向前進，絕不要往另一邊去。」艾略特（T.S. Eliot）也曾說：「每一場冒險都是一個新的開始，通往難以言喻之境的旅程。」您在探索的過程中，是否會覺得越深入其中就愈發困難？不斷追尋真相需要付出什麼樣的代價？

我是在一九九〇年巴黎波布（Beaubourg）51的菲洛諾夫展上看到這句話的。當時我正為一個寫作計畫困擾，心情低落。看到這句話時，我當下就明白他是對的。不要因為做不到而放棄一項計畫或一個熾烈的渴望。相反的，困境，或更明確地說是阻礙，能迫使我們創造、發掘新的藝術對策。《位置》其實就是這樣寫成的。然而，強迫自己直視困難，以及絕不放棄的心態讓書寫變得不太容易……以此為基礎寫成的寫作日記也變得十分沉重，令我不忍再讀，和私密日記完全不同……事實上，這始終是以探索可能的形式為目標，尋找一個一個能達到或傳達真相的形式。一種存在於非虛構書寫中的形式。我付出的代價是自由和對自我的要求，而且日益增重。

閱讀您近來的作品，內容令人著迷且心生暈眩，不禁想問：循著這條路可以走多遠？讀完後，我又總有這樣的感覺，覺得您一直在往前推進。您問過自己要走到哪裡嗎？是否有過遲疑的時刻？

㊿ 譯註：引自《沉淪》（皇冠文化，2022）。

51 譯註：Beaubourg 是巴黎的一區，因為龐畢度藝術中心座落於此，一般提到波布的展覽指的便是龐畢度的展覽。

我不確定是否真的了解您的問題，同時卻又頗有所感。我想是因為您和我一樣，把書寫看作是一種探尋，一種危險且責無旁貸的事。書寫固然存在某種迷思，認為它是一種磨難——福婁拜——或普羅米修斯式(52)的追尋——韓波，這種想法的確有可取之處，但也必須承認，有時令人感到厭煩。然而，我也的確是把書寫看作瞭解事情的一種方法，那是我與生俱來的使命，所以必須一直前進，盡可能地走得更遠，儘管不知道意義何在也要走下去。在我回覆這個問題時，我想起了杜斯妥也夫斯基（Dostoyevsky）的《罪與罰》中一句關於主角拉斯柯尼科夫的話：「為了生存而活著嗎？可是他本就甘願為思想、為希望、甚至為幻想千次獻出自己的生命了。他一向認為，只有活著是不夠的；他總是希望生命能有更大的意義。」我把這段話寫在一九六三年的記事本開頭，牢記著它。那一年我寫完了第一本最後沒有出版的書，也經歷了很多人生大事。這些別人說的話，也是我們的真實感受。單單活著是不夠的……

紐約—巴黎，二〇〇一年六月至二〇〇二年九月

52 譯註：Prométhée，希臘神話中泰坦神族的一員，因為欺騙宙斯偷來了火拯救人類而被懲罰，被視為與宙斯絕對權力的反抗，象徵自由的追尋。

## 後記[53]

重讀我和費德里克—伊夫．吉奈在二〇〇一和二〇〇二年間以信件往來的方式進行的訪談，我的第一個反應是驚訝：竟然沒有一處想修改或否認。比起二〇〇二年，現在的我對費德里克—伊夫．吉奈有更多的感謝，他以細膩而嚴謹的方式，讓我對自己進行了嚴格且全面的「文學自省」。因此，我很想以原來的稿子印刷出版《如刀的書寫》，一字不改。

波赫士（Borges）在《虛構集》裡創造出皮耶爾．梅納爾（Pierre Ménard）這個作家，讓他在二十世紀初重寫塞萬提斯的《唐．吉訶德》。表面上看來，兩本書無異。完全不是這麼一回事。波赫士如是說，時間的距離讓這本書成為另一個完全不同的作品。十年的時間，或許太短，以至於無法在這個訪談中看到時間

[53] 本書原文於二〇〇二年由 Stock 出版社出版、二〇一一年由 folio 出版社出版口袋版。本篇後記為作者為口袋版撰寫，而本書乃翻譯自二〇〇二年 Stock 出版之原版，唯應作者要求，收錄新版後記。

流逝。然而事實卻又不是如此。

這十年之間，社會與文學的風貌都已改變。不久前，還被稱為「新興」科技的技術，現在正顛覆著文本傳遞的方式。在二〇〇三年選擇以電子郵件完成訪談還是一件奇事，如今卻已司空見慣。訪談中提及的文學、政治、書寫和女性主義議題也已顯得不合時宜。原本文學中的禁忌經過時代的變遷已然成為為人稱頌與廣泛傳播的話題。自傳式的小說也打破了小說與自傳的分界，把原本迥然不同的書寫綁在同一張旗下，抹去了各自的獨特性。在這個普遍媚俗的時代中，如果僅是關注書寫本身，關注書寫的層面，而不提及一些軼事和私事，也許反而會令人感到驚訝（或失望？）。

特別是我在這十年間仍然持續出書。後來的書基本上延續之前的方向，只是探索了更多領域和形式。因此，我覺得有必要多做一點說明，「更新」一下自己的想法。

當年訪談期間我仍在苦苦思索一個已經持續了十五年的計畫：我想講述一個女人一生的故事，或多或少是我的吧，一個既有個人特色，又能反映她的時代的故事。那個故事當時還是個工地，堆疊著筆記、開頭的文字，很多嘗試，三到三十頁不等，還有對於形式上、理論上的探問。後來，我越來越傾向一種「無我的自傳」，換句話說，就是沒有「我」在裡面，談集體之事，談我們或所有人的自傳。那時我把這個計畫命名為「Histoire」（歷史），接著又改為「Génération」（世代）。

我在和費德里克—伊夫・吉奈的訪談中沒有提到這件事，畢竟我當時也無法確定是否能完成這項既創新又瘋狂的計畫。再說，每一本書對我來說都先是一個念頭，隨著時間成形，直到最後一個句子完成以前都是不存在的。當時這個計畫也是如此。然而《悠悠歲月》（Les années）——最後選了這個標題——在訪談完成時浮現了，呼應了我說我寫「過去的事，這個過去一直走到了現在，所以它涉及了過去的一段故事，但絕非單純的敘事。」也呼應了我嘗試解釋工作的模式，解釋我以記憶為靈感，試著讓回憶中的影像「大放異彩」，直到我看著這些畫面時覺得他們是真實的，覺得身歷其境為止。這是我書寫《悠悠歲月》的方式，沉浸在我的影像當中，從二次世界大戰末期到二〇〇七年，我聽見當時人們的對話，聽見了那些年的廣告和歌曲，再把這些元素分析後融入一個現代史詩之中。

讀者對《悠悠歲月》的接納對我來說是一個奇蹟，直到最後一刻，我都擔心寫出來的東西沒有人理解。讀者與書評的熱烈反應，有一部分無疑是來自於身處這個史無前例的變革時代萌生的對記憶的渴望。我說的不是官方的，或存在檔案館裡的記憶，而是每一個人在生活中，因為經歷了一些事物、想法和形成時代氛圍的事件而製造出的記憶。我也相信，這本書除了帶給讀者懷舊感外，還有一種更深刻的價值，就是讓我們意識到自己參與了創造歷史的過程。

我的作家生涯中有好幾個文本，通常是短篇，例如《一個女人》、《簡單的激情》、《嫉妒所未知的空白》，是生命中的意外帶來的靈感。在那個當下，突然其他的東西都變得不那麼重要了，只想寫那件事。《相片的用途》（L'usage de la photo）也是在這種情況下寫的，我在訪談中提到過「相片令我著迷」、「我可以盯著一張相片看上數個小時，彷彿那是個未解之謎」，訪談後不久，我就開始進行這個計畫了。二〇〇三年，乳癌化療期間，我結識了馬克．馬里㊹，而後相愛。我在《簡單的激情》中說到想要把做愛後衣物雜亂的場景保留下來，十一年後的某天清晨，我突然興起一個念頭，想拍下那一幕奇特的、曇花一現的景象。在那之後，我們決定繼續把做愛的地點拍下來，幾個月後兩人各自對相片寫下評論。這一組相片一共有十四張。這種供「書寫用」的相片應際而生，儘管我對某些評論中豬狗似的嘲諷——不意外，都是男的——充耳不聞，仍然不可否認這本書帶來的不適感。它的確在好幾處都踩了雷，包括那是一名罹癌的女性的情慾，包括展示了毫無藝術價值的相片，拍的是鋪木地板上的一條牛仔褲，或是散落在走廊上的鞋子。不過也許更多的不適是來自於我向費德里克－伊夫．吉奈說過的，我想「打破文本封閉的邊界」，朝著影像和我自己的另一種書寫開窗。

我在二〇〇二年說「我對人生中昏暗的區塊沒有興趣」，沒想到命運卻開了個天大的玩笑，讓我發現其實我並不了解自己。當時一位年輕的女編輯邀請我參與一個新系列的書寫。那個系列的書籍要遵守一項明確的規定：寫自己從未寫過的東西。我立刻興起了一個念頭：寫信給我死去的姐姐。彷彿唯有用書信，唯有

(54) 譯註：Marc Marie，一九六二年生，法國自由記者。

這種我不甚喜愛也從未嘗試過的文體，才能追憶我父母的第一個女兒，那個在我出生前就已死去的六歲女兒。一扇久閉的門突然在我眼前敞開，我別無選擇，只能走進去。我試著用這封名為《另一個女兒》（L'autre fille）的信追思一個被遺忘的人，天堂的孩子，一個禁止談論的「聖女」；同時也重新思考——在我的書寫中——她的死亡與我身為「倖存者」的信仰之間的關係。

十年前談論我的書寫計畫實為大膽之舉，畢竟隨時有可能因為個人因素而修改或中斷。也可能受到社會因素影響，隨時轉換至新的議題。寫作是無法與社會和政治脫節的活動：這個深植我心的理念貫穿整個訪談，也是書名的出處。回頭看我對這件事的堅持，儘管我已無須多言，但相對於二〇〇二年，情況又更悲觀了。在男性主政的情勢開始動搖的今日，危險的女人、女巫這樣的形象似乎又回到集體的想像之中，「戴面紗的女人」成為這種形象的代表，人們指控她們危害共和國制度。當前的政府為六十五年來最為狡詐、不公的，它們將伊斯蘭禍害塑造為「國族認同」的威脅。政策和民調日復一日把穆斯林（以及移民、吉普賽人和都市裡的年輕人）塑造成國家內敵——而且甚為成功，不勝唏噓——令人想起三〇年代那些代罪羔羊的不幸事件。處在這種排斥他者的沉悶氛圍當中，身為書寫者的首要任務應是思考如何對這種日益嚴重的危機保有批判的意識。

二〇一一年四月

**作者 安妮・艾諾** Annie Ernaux

一九四〇年出生於法國諾曼地，當代重要作家。一九七〇年代取得文學高等學位後開始於中學任教，並持續教職相關工作三十年。一九七四年，出版第一本小說《空衣櫥》，從自身經驗出發描述了一名女子的非法墮胎，展開終其一生探索回憶、慾望及「自傳體敘事」的書寫生涯。一九八三年出版《位置》，以平白樸實卻精準銳利的語言描述了勞工階級父親的一生，獲頒法國文學大獎荷諾多獎，並確立了揉合文學、社會學與歷史的獨特書寫風格。二〇〇八年出版的《悠悠歲月》將橫跨六十年的個人經歷與集體歷史相互交織，被視為代表著作，獲頒包括莒哈絲獎、莫里亞克獎、尤瑟納獎在內的諸多獎項。二〇二二年，獲頒諾貝爾文學獎。

**作者 費德里克－伊夫・吉奈** Frédéric-Yves Jeannet

一九五九年出生於法國格勒諾布爾，是一名作家與教授。曾於美國紐約、紐西蘭威靈頓的數所大學教授文學，後移民至墨西哥。曾出版《旋風》（*Cyclone*）、《仁慈》（*Charité*）等小說作品。

**譯者 許雅雯**

華語教學碩士。於海內外各地教學十多年後，決定投入文學翻譯。自二〇一五年起迄今已累積三十多本譯作，包括小說、非文學書籍、繪本與戲劇字幕。其譯作曾四度入選台灣法語譯者協會－法國巴黎銀行翻譯獎。除了文學翻譯外，亦為巴黎多家博物館翻譯語音導覽。在啟明出版的譯作另有《父親的食譜筆記》、《鎧甲的裂縫》與《叛變》。

封面及裝幀設計：廖韡 Liaoweigraphic Studio

本書獲法國在台協會「胡品清出版補助計畫」支持出版。
Cet ouvrage, publié dans le cadre du Programme d'Aide à la Publication "Hu Pinching", bénéficie du soutien du Bureau Français de Taipei.

# 如刀的書寫

二〇二三年七月五日　初版第一刷

作　者　安妮・艾諾、費德里克—伊夫・吉奈
譯　者　許雅雯
編　輯　廖書逸
發行人　林聖修
出　版　啟明出版事業股份有限公司
郵遞區號　一〇六八一
台北市大安區敦化南路二段
五十七號十二樓之一
電話　〇二二七〇八八三五一

總經銷　紅螞蟻圖書有限公司
法律顧問　北辰著作權事務所
定價標示於書衣封底。


ISBN 978-626-97376-2-8

國家圖書館出版品預行編目 (CIP) 資料

如刀的書寫／安妮・艾諾（Annie Ernaux）著；許雅雯譯。
──初版──臺北市：啟明，2023.07。
160 面；12.8 x 18.8 公分。

譯自：L'écriture comme un couteau
ISBN 978-626-97376-2-8（平裝）

1. 艾諾（Ernaux, Annie, 1940-）2. 女作家 3. 訪談 4. 文學評論

784.28　　112008592

L'écriture comme un couteau
By Annie Ernaux, Frédéric-Yves Jeannet

透過書寫探索那些無法用其他方式，

例如語言、旅行、表演，發現的事物。

甚至是反思都沒法做到的。

要去探索一個在下筆前不存在的東西。

意識的覺醒，

即使本身無法解決任何問題，

已經是朝著自由與

行動邁出一步了。

感受是書寫的必要條件，

也是建構真實的必要條件。

當文學作為持續探索的

工具與知識的載體時，

要能成為解放者。

文學作為持續探索的工具與知識的載體時，

能成為解放者。